走著橋

古橋閱讀與散步

王派仁 著

目錄

第二篇
殊異的功能　發展的見證

序、

欣賞一座古橋，閱讀一篇史頁

原本似乎永遠到不了的彼岸，
因為一道彩虹而
聯結
不僅縮短交通距離
更架起了人們情感的網絡。

那道彩虹
可以是百年前
以竹子架起的圓弧
也可能是近代
用石頭砌成的拱圈
或是紅磚堆砌的雁翅

當我們走過一座古橋，
不僅領略了橋上美麗風光
也閱讀了一篇史頁

在現今對交通依賴日漸增加的生活中，橋梁扮演了重要的角色，但是她卻往往被人忽略，可能要到哪天我們每天必經的某座橋梁發生問題了，我們才會驚覺她對我們的幫助，當然我們更常忽略了橋梁本身所蘊含的美學欣賞、歷史背景、文化意涵與經濟發展等。

近年來由於科技進步快速，許多大型的鋼構橋或斜張橋，在地平線或天際拉出了令人嘆為觀止的線條，而成為各地政府政績或公關宣傳中的樣品。然而，高科技與鋼材的橋梁，總給人冰冷而不可親的印象。

其實臺灣還有不少位於歷史景點、鄉間、山區的古橋，卻長期被人遺忘與忽略。這些古橋有八、九十年，甚至上百年歷史，我們或許常常經過，也可能只是在古道上驚鴻一瞥，但是卻鮮少加以留意，頂多只是日後在某種特定的機緣下，會想起好像在某條舊路走過一座具有藝術氣息的洗石子橋？似乎在某段古道路過一座糯米石橋？

臺灣在近四百年的歷史中，隨著開發的腳步逐漸由南往北，官方統治與商業往來，造成交通的需求日殷。在開發早期，水運扮演重要的運輸角色。但隨著開發腳步遍及各地，機動性高的陸路運輸需求，可以說是與日俱增。然而臺灣河流密度很高，加上雨季時雨量豐沛，要徹底而有效解決這些陸路交通的問題，建造橋梁乃成為唯一的選擇。

回顧與走過這些從清朝到日治時期的橋梁，就會領略她們在臺灣陸路交通歷史、經濟發展、生活文化、技術工法與建築藝術中的重要角色。當我們細細品味與深入探究，竟會發現原汁原味的石板橋可能是百年前的先民篳路藍縷的遺跡；用石塊以糯米砌成的古橋，是先人就地取材與戰時物資缺乏的生活智慧；而鐵路上的花梁鋼橋則見證了日治時期新科技的引入；而鋼筋水泥為材，覆以洗石子外觀的舊橋，則是為當時的都市增添了含蓄的美感，只可惜這些古橋目前在臺灣所剩不多。

在本書中筆者為了讓讀者在閱讀某一橋梁時，就能夠在心中先有一清楚的圖像，依照臺灣現存古橋的材料、工法以及建造的背景等因素加以分類，並選取具代表性的橋梁作介紹，書中共介紹十類計二十五座橋梁。

橋梁不只是連接原本被隔絕的兩地，筆者更希望藉由一本比較完整介紹臺灣古橋的書，把橋梁所蘊含的歷史、美學、文化、經濟……等內涵和讀者聯結。更期盼當讀者有機會經過一座古橋時，不再只是匆匆走過，而是可以坐在橋欄上細細品味。

走過臺灣清代古橋

從后豐斷橋談起

臺灣河流密度很高，大小河流加起來有一百二十九個水系，造成臺灣陸路交通運輸發展歷史中面臨許多嚴峻的挑戰。儘管過去曾經有所謂的民渡、官渡或義渡協助人們過河，但建造橋梁終究是渡過這些溪流的有效解決之道。

然而，在建築科技發達的今日，橋梁的建造與維護，仍舊是一件充滿考驗的工程。民國九十七年九月初辛克樂夾帶的豪雨，造成大甲溪水暴漲，而原本就被列為危險橋梁的后豐大橋，第二橋墩被洪水沖斷，北上橋面崩塌五十公尺，導致三部車輛墜入大甲溪，五人失蹤的不幸。

在這件事情中，我們除了檢討政府單位的效能之外，也感嘆大自然的力量，似乎非人類所必然能克服。而當我們想起兩、三百年前的清朝，面對臺灣河流的險阻，在橋梁的建築上更是困難重重。

橋梁的重要性——從海路到陸路

臺灣在近四百年的開發歷史中，隨著開發的腳步逐漸由南往北，官方延伸統治勢力與民間商業往來愈加頻繁，造成交通的需求日殷。在最早的時候，因為水運成本較低，所以臺灣在開發早期時，

位在后豐橋附近的大甲溪，看起來水不多，那是因為上游的德基水庫，攔截了大半以上的河水。

水路運輸扮演重的角色。但是水運風險較高，所以質輕而高價的物品就得依賴人力或獸力的陸路運輸。再者，隨著開發腳步遍及各地，機動性高的陸路運輸，也絕非水路可以完全取代。因此，對陸路交通的依賴，可以說是與日俱增。

然而，臺灣的陸運發展，卻面臨先天的高度挑戰。臺灣因為先天地理條件的關係，河流密度甚高，而且多以東西向的河流為主，因而阻礙了南北往來的交通。連橫的臺灣通史郵傳志有這樣的一段描述：「溪流廣漠，每逢大水，阻遏不前，或至浹旬不渡」。我們更可以從郁永河的裨海記遊中，印證這樣的情況。

康熙三十六年（西元一六九七年）郁永河渡海來臺開採硫磺，他捨棄了當時比較被普遍採用的海運，採取了較為困難的陸上交通北上。根據裨海記遊一書中記載，農曆四月七日他從臺南出發，過了七天才來到牛罵社（今清水），然而，僅僅為了渡過大甲溪，郁永河從農曆的四月十四日等到二十二日，足足耽擱了九天。後來是因為等不及了，而勉強過河。

我們可以試著想像前人過河之苦，夏季水流湍急，渡河不僅困難重重，更是身處高度危險之中；冬季雖然河床水淺，但踩在冰冷河水中，叫人不寒而慄。儘管後來在重要的河段有渡口供人們過河，但是一開始民營渡口亂象叢生，即便後來清朝的渡政大肆改革，將所有的渡口全部改為義渡，但是渡河不便的問題，仍然難以解決。

另外，隨著農業灌溉所需，大小圳溝愈來愈多，對當時運輸的主要交通工具——牛車，造成極大的限制。當時圳溝均為土堤，牛車輪則是圓形的薄木片所拼成，輪胎碾過圳溝，則猶如拿著利刃在切割豆腐一般，不僅圳溝遭到破壞，牛車也可說是窒礙難行。

所以要促成南北交通的往來，進而帶動經濟的發展，非得依賴架通河流兩岸的橋梁才能竟其功。

清代古橋概覽

臺灣造橋的發軔可遠溯到荷蘭與明鄭時期。在重修臺灣縣志中就記載了「磚仔橋在西定坊，紅毛時用厚磚和蜃灰砌成，其堅如石，洪水衝塌，舊蹟猶存」文中的紅毛就是指荷蘭人，而這也有可能是臺灣最早的紅磚拱橋。

明鄭時期於臺南東安坊（現在的社教館附近）建有大枋橋，臺灣縣志中指大枋橋「在東安坊嶺後通衢之中，官府往來之所也．架枋為之，因以名橋，偽時所建。康熙二十三年，知府蔣毓英重修．後屢圮屢修，皆出縣官捐俸焉。」文中提及這座橋以巨木為架，橋上舖以四方形的大枋，而這是大枋橋命名的由來，至於「偽時」即指明鄭。

但是較具規模的建橋歷史，根據史料指出則應該是自清朝開始。清朝造橋並非少見，只是較常在人口密度較高或是商旅往來頻繁的市街附近，而在這樣的地方造橋多屬施工難度不高，且所需經費較少的小橋。而且藉由橋碑的樹立，多少有沽名釣譽之邊際效益。

然而修橋乃是地方官的政績表現之一，因此在許多官方修訂的府誌、縣誌、廳誌等都有詳細紀錄。以下將分別介紹清代時幾座著名而有代表性的官方與民間修築的橋梁，藉此清代橋梁建築的緣由、材料、技術等脈絡，希望能夠描繪一幅大略的圖像。只是清代臺灣的橋梁如今所剩無幾，倒是在臺灣北部還可以看到當時頗為盛行的石板橋，讓我們能追尋前人的腳步，回到百多年前的歷史現場。

官方修築橋梁的政績

清乾隆十六年（西元一七五一年）在鯽魚潭（今臺南永康）建造鯽魚潭橋。在續修臺灣縣志中即指出，鯽魚潭橋「在永康里蔦松嵌下，乾隆十六年紳士侯世光建，砌磚為墩，高丈三尺，釃水三道，相距各丈六尺，架木鋪板其上，可容兩車，旁翼扶欄，東西累土成堤，

乾隆年間知府蔣允焄所建的駝龜橋，很可能就是桃園縣大溪濟安橋的模樣。

寬與橋稱，計長百二十餘丈．潭渟泓瀲瀲，為邑勝景」。

鯽魚潭在昔日為臺灣八景之一，因此也吸引不少騷人墨客到此一遊。乾隆年間的臺灣縣人章甫，就曾經寫了一篇讚詠鯽魚潭的「遊鯽魚潭記」。他在文章中提到「……少憩，破煙蘿，穿屋舍，過虹橋，將四圍繞遍，見夫雲煙之亂也，林木之古也……」。文中除吟詠鯽魚潭之美，其所提到之「虹橋」應該就是鯽魚潭橋。鯽魚潭橋「可容兩車」、「百二十餘丈」、外形如一彎彩虹，這樣的橋在清代算是大型工程。只可惜今日不僅鯽魚潭橋不復見，連鯽魚潭僅存一潭水池於臺南的崑山科技大學內。

除此之外，幾座較有名的橋還有乾隆三十年，知府蔣允焄在臺南所建之四座磚拱橋，其形遠望如龜背彎曲，所以又稱駝龜橋。然而前述這些橋，因為當時使用的材料多為容易腐爛的木、竹等，幾乎皆已不復見，即便是磚橋或石橋也因為年代久遠，維修不易而毀壞殆盡。

不過在鳳山舊城門東便門外有一座東福橋，恐怕是現今臺灣本島僅存的清代官方興建橋梁。我們在這裡可以看到一座立於同治三年（西元一八六四年）的「重修東福橋」碑記，記載當時籌建石橋之捐款情形。東福橋跨越鳳山溪，是四孔三墩的中國式古橋式樣。只可惜民國九十年一場颱風造成鳳山溪水暴漲，

鳳山舊城門東便門外的東福橋，如今只剩下船型的石砌橋墩。

沖毀了東福橋，後來重建新橋，所幸其船型石砌橋墩仍舊被保留下來。

然而真正建橋的創舉，應該是岑毓英建造大甲溪橋。由於當時位於中部的大甲溪乃南北必經之處，兼管福建與臺灣的福建巡撫岑毓英，於光緒七年（西元一八八一年）上書皇帝建造大甲溪橋，這座大甲溪橋在當時可說是空前的艱鉅工程。臺灣通史郵傳志文中指出「福建巡撫岑毓英巡臺，以大甲溪為南北要道，溪大流急，每苦難涉，乃勸紳富捐款，助以官帑，築隄架橋。以鐵桶積石為礎，橋長百五十丈，費款二十萬圓」。

只是花了當時二十萬元鉅款的浩大工程，卻在竣工當年（一說光緒八年）六月的一陣狂風暴雨所造成的滾滾洪流給沖毀。臺灣通史郵傳志文中寫道：「越年六月十七、八日，山水驟漲，奔流挾木而下，橋礎斷絕，隄潰六百丈。」儘管岑毓英的心血在短時間就化為烏有，但是大甲溪橋卻開啟了日後清朝政府對臺灣橋梁興建的重視與新式技術的引進的需求。

此後在臺灣推動交通建設最力者，自非劉銘傳莫屬。他在光緒十二年上疏給建造臺灣鐵路的奏摺中提及：「自臺北至臺南，計程六百餘里，中多巨溪，春夏之際，山水暴漲，行旅遏絕。臣今擬於大小各溪上流窄處，架設橋梁，通算工費須銀三十萬兩。今若許准建築鐵路，則此橋梁二十餘條，一齊興工，可為朝廷節省巨款」。劉銘傳可說是開啟了清朝在臺灣發展現代交通與建造橋梁的序幕，包括在橋梁的數量、材料與技術都有重大的突破與進展。

民間募款造橋的善舉

相較於官方修築的橋梁可以在官方的史料中找到記載，造橋鋪路乃前人引以為榮的善舉，民間出錢、出力所建造的橋梁，則可以在當時造橋所立下的碑碣找到證據。

清季之時，府城與安平隔臺江相望，在安平鎮渡頭有安瀾橋橫跨南河之上，該橋原始建造年代已不可考，但是卻於乾隆三十九年（一七七四年）重建，而位於大南門碑林的「重建安瀾橋碑記」就是記載此一重建紀錄，立碑者為當時三郊富商之一的蘇萬利。

另外，昔日從諸羅縣南下通往府城，必須取道新營到下營，其必經之路的鐵線橋也相當著名。該橋跨越急水溪。諸羅縣誌就曾提及：「為縣治往郡必由之路。舊時冬春架竹為之，上覆以土；夏秋水漲漂去，設渡以濟行人。五十五年，知縣周鍾瑄各建木橋。」至於鐵線橋的名稱由來有兩種說法，其一是為了串連與固定一排排的竹篾，兩岸須用藤索或粗鐵線加以固定，因此這種索橋又稱鐵線橋。另外的說法則是源自荷蘭文 Terramisson。不管其說法為何，因為「鐵線橋」名氣不小，「鐵線橋」竟然從橋名轉變成地名。

然而，急水溪夏季水流湍急，鐵線橋便經常處於「冬成夏壞」的週期。現在位於新營鐵線里通濟宮前埕左側，有一「再重脩鐵線橋碑記」。該碑訴說了乾隆三十年夏天，鐵線橋毀於一場大雨，地方士紳蔡珍等人募款重建，隔年又遭洪水吞噬，蔡珍等人又再度募資重建，因此於乾隆三十一年（一七六六）立下此碑。

事實上，在當時臺灣南部許多跨越溪流的橋梁，大多以竹為材料，架起簡易的橋梁，至少在冬季枯水期能圖個方便，只是春夏雨季一到便付諸水流。事實上，這種橋梁處於屢壞屢修的循環，筆者於民國七十四年初到南投縣擔任教師時，也還親身經歷過。

筆者當時服務於集集鎮的國小，而另兩位同學則分派至水里鄉的玉峰國小。現在從水里市區要到玉峰村可走跨越濁水溪的玉峰大橋，但在當時筆者要探訪在玉峰的同學，必須繞行遠路走永興橋方能抵達玉峰。到了秋冬季枯水期時，河床上會搭起一座類似溪頭大學池的拱形竹橋，而取道竹橋可直接從水里市區到玉峰村，約莫可節省二、三十分鐘的車程。不過春夏的第一場大雨，就可能讓這座臨時的竹橋「付諸西流」。

碩果僅存的石板橋

相較於臺灣南部開發較早，所以商民往來頻繁的道路或是位居交通要津之處，常可見到官方主導或民間鳩資興建的橋梁，而在材料上則是以南部較常見的木材或竹子作為建橋的主要建材。只是這些橋梁早已腐壞毀損，倒是金門和臺灣北部上有幾座倖存的石板橋。

位在金門高坑一帶，有一座建於清道光三十年（西元一八五〇年）的觀德橋，距離現在已經有一百六十年。現在站在觀德橋上，前後並無銜接的道路，而向四面眺望，除了一條自環島北路分岔而來的小徑之外，幾乎都是蒼茫的田野。殊不知觀德橋正是位於昔日的官道，這條古官道自明朝年間就已經具備雛形，起點是在舊金城北門。觀德橋基本上是

建於清道光三十年（西元一八五〇年）的觀德橋，全部取材自當地的花崗岩，至今保存狀況尚稱良好。

由四塊長五公尺、寬五十公分的長形花崗石板所鋪成，以現在的眼光與標準來看，觀德橋只能算是一座小橋，其長度不過五米，寬度也僅兩公尺左右。花崗片麻岩的地形在金門東部非常發達，而「就地取材」是古人建築的智慧，這是一種兼具環保與在地化的深度哲思。

但是位於北部山區的河谷，則是取自當地的安山岩和砂岩，前者屬於火成岩，後者則是沈積岩。由於安山岩和砂岩的特性，有利於打造成長形的石板，所以到現在，我們還可以在臺灣北部的新北市和基隆山區，看到用石條或石塊堆疊或砌成的房屋。

先人用安山岩敲打成長形的石板、石梁成為建材。再將三塊石板並列構成較寬的橋面，修建成跨越深溝或河谷的石板橋，就是所謂的三板橋。其中最為著名的要算是位於新北市三芝區大屯溪古道上的三板橋。但畢竟石梁受到材料強度的侷限，跨度還是有一定的限制，所以遇到較寬的河面時，就得另想辦法。

永安橋位於宜蘭縣五結鄉，是一座建於光緒七年的石板橋。

這座三板橋，橋身石梁就分成四段，所以必須另外設三座橋墩，其中一處橋墩還是利用河中的巨型石塊。

大屯溪古道上的三板橋建於清朝同治十年（西元一八七一年），橋上石碑記載著道光初年同安人林永來此種茶，此古道乃是過去將山區的農產，例如茶葉、染料和橘子，運往山下與三芝、石門往淡水的重要交通路線，於是林永乃自行出資架起這座三板橋。

另外，在宜蘭縣五結鄉有一座名為「永安」的石板橋，前述的石橋皆來自於就地取材，但是永安橋的石板則是所謂的「壓艙石」。永安橋所在的大埔在清朝時是通蘭古道南路羅東與利澤簡的中點，同時也是一河港。原來的木橋毀壞，村人於是發動捐款重建永安石橋，可能是此地離山區較遠，石材獲取不易，便運用來自大陸貨船上的壓艙石。這座橋建於光緒七年（西元一八八一年），完工後還有一座永安橋石碑記述建橋的原委與經過。

這幾座石板橋因為是運用天然的材料，加上常有青苔附著其上，有一種樸拙之美。而歲月的洗禮加上人們的踩踏，石板橋彷若散發出悠悠的歷史光澤，行走其上慕古之情油然而生。

貫穿兩岸與古今

在中國的傳說中，牛郎與織女因為每年七夕許卻所搭起的橋梁，才得以互訴衷曲。而現實生活中原本似乎永遠到不了的彼岸，因為一座橋而連接了兩岸，不僅縮短了交通的距離，更架起了人們溝通情感的網絡。

清代的古橋大多已不復見，但是這些著眼於本地環境與地理條件，而以「就地取材」為基調的橋梁，可說是充分詮釋臺灣環境脈絡的特色。我們更能夠從這些橋梁史料的記載與僅存幾座橋梁的探索中，窺知臺灣交通、經濟的發展的重要片段，同時緬懷先人蓽路藍縷的精神。

這些古橋，不僅連接了河流的兩岸，

架通山地與平原，延續了臺灣南北的交通，更讓我們有機會和古人、歷史產生交會。

（原文刊載於臺灣月刊九十七年十二月號「電子版」，本文經過補充與改寫。）

殖民政府開啟新式橋梁建築

臺灣許多建築學者都一致認為，撇開日本殖民政府的政治目的不談，日本在臺灣殖民的五十年當中，確實開啟臺灣新式建築的扉頁。明治維新後的日本，自歐美把新式的建築技術與風格引進臺灣，而這樣的情況自然也出現在橋梁的建築上。

有學者以有機生命體之DNA基因成長、轉化、演繹的過程作比喻，將臺灣橋梁建築的形式演化歷程，歸納成構築、裂解、成長三個歷史階段。其第一階段就是清朝，此時期先民利用本土營造的學習與觀察，以就地取材為基調，發展出本土原生的籐橋、竹橋、木橋、石橋及磚橋的類型。

而第二階段則是日治時期，其特色為與外來技術、材料與文化作基因的混血與學習。人造的材料取代了傳統的自然材質，大量運用混凝土與鋼材，材料的抗壓與抗拉性提昇，提供了營造更大跨距所需的結構與技術。甚至，長度超過一千公尺的大型橋梁也陸續出現，例如縱貫公路的大甲溪橋、還有縱貫鐵路的下淡水溪橋。

日本統治臺灣以後，政府為了加速對臺灣的統治與物資的運送，展開有計畫性的道路與交通建設。民政長官後藤新平從日本本土，網羅了畢業於東京帝國大學工科大學土木科的土木課長長尾半平，建築技師野村一郎等人，都是能力本位取向的技術官僚，而這些人也確實為臺灣營繕事業奠立了基礎。

除了人才招聘，還設立了專責的組織。最早是日治明治二十九年（西元一八九六年）設置總督府中央營繕組織，但這時候尚隸屬於「民政局臨時土木部」，隔年改制為「財務局土木課」，到了明治三十二年（一八九九年）設置「民政部土木局土木課」，此時期土木與建築業務全歸屬於「土木課」之下。

經由官方的組織，透過計畫性而大規模的交通建設工程的推動，其影響所及臺灣在橋梁的建築上，較之於清代，不管是數量或是工程技術，用「一日千里」來形容恐怕也不為過。

然而，除了人才、組織、技術與材料的更新與現代化之外，日本殖民政府也將西方都市建設的計畫觀念帶進來，尤其是自一九九〇年後開始的「市區改正」計畫，藉由街道與街屋的重新規劃，企圖將臺北、臺中、高雄等幾個大都市重新改造，當然在此一計畫的推動下，清朝的許多建築也遭到嚴重的破壞，而市

區的橋梁也因此被更新重建。

只是在山區因為交通運輸較不便利，所以「就地取材」仍舊是山區橋梁建築材料的特色。特別是於北部山區的河谷，築橋的材料就地採取安山岩和砂岩作為建橋的材料，再運用糯米與其他材料作為黏合劑，因此就被普遍稱為糯米橋。

再者，日治時期引進了目仔窯，早期使用木柴為燃料，到了一九二六年，日本人石山丹吾試驗天然瓦斯成功，使得燒磚的技術與數量也與日俱增。這些磚塊除了用來作為房舍的建築材料，也被運用於橋梁的建築。然而，紅磚橋可遠溯自荷蘭與明鄭時期，因此這些散發悠悠光澤的紅磚橋，可說是最具有歲月的痕跡。

根據前述的分析與現存日治時期遺留下來的橋梁，把他們分成以下四大類：

一、山區的糯米石橋

二、散發歷史光澤的紅磚橋

三、鐵道上的鋼製桁架橋梁

四、跨越大型河流的鋼筋水泥橋梁

新北市坪林區的坪林舊橋，堪稱是臺灣現代化橋梁的先驅之一。

接著帶領讀者，進一步瞭解這四種橋梁的背景與脈絡，並實際舉出一個具有代表性的例子，就讓我們一起去過橋吧！

山區的糯米石橋

日治時期的糯米橋常見於北部的臺北、桃園、新竹與苗栗山區，特別是臺三線沿線，到現在都還找得到這些糯米橋。糯米橋的橋體以拱形呈現，隨著橋梁長度的不同，橋拱數量則從一個到五、六個不等，僅有單一橋拱者，通常小而迷你。而南投縣國姓鄉的糯米橋，則是臺灣現存唯一的被列為國定古蹟（三級）的橋梁。

糯米石橋的每個石塊之尺寸大小，依橋之圓拱形狀打造堆砌而成，由兩側向中間堆疊，最後再將中心的拱心石安入。石塊與石塊之間以糯米、紅糖、石灰等混合，做為黏合的粘劑，除了糯米、紅糖、石灰之外，另外還會依當地的材料取得方便性，加入蓖麻、稻穀、貝殼等，以增加其黏性，而據說蓖麻本身因具有毒性，還有防止蟲蛀的功用。

堅硬的石塊有些被鑿成正方體，有些被切割成弧形，構成或方或圓的線條，而最美的是那些由石塊所建構成的橋拱，真可謂剛中帶柔。而其色澤暗灰，有的還長滿青苔，呈現出久經歲月淬煉的獨特斑駁模樣。此外，也有少數的糯米橋，在一些日治時期興建的市區公園中，還可以看到他們的身影，例如臺北市的北

金門橋橫跨東勢本圳，古橋與流水構成一幅詩意的圖案。

投公園和嘉義市的嘉義公園就各有一座。糯米石橋不論是平躺於翠綠的山谷中，或是安靜的架在頗有歷史的公園小河上，都已經與周遭的景觀融為一體。

正因為這些橋梁並非處於交通要津，加上施工方式非常符合力學結構，儘管其歷史都約有八、九十年，但現存者尚不少，接下來就帶領讀者一起去走臺中市東勢區的金門橋。

金門橋橫跨東勢本圳，這條人工開鑿的圳溝自大甲溪引水，灌溉了東勢貽福里以北的地區的農作。整座橋長僅約三．一公尺，橋寬約二．三公尺，有可能是臺灣現存糯米橋中最為迷你可愛者。望柱鐫刻「昭和十六年竣工」，時值民國三十年二次世界大戰期間。戰時因為各項建設物資缺乏，居民乃以煮熟的糯米及石灰加上黑糖作為黏劑，將經過切鑿整齊的石塊與石板加以黏合。

行至側方，橋面下十數顆梯形石塊所勾勒出的虹形曲線，其身形甚是優美。整座橋久經歲月洗禮，石塊與石板或風化或長出青苔，令人行在其上時，不覺散發思古之幽情。

散發歷史光澤的紅磚橋

有些人將紅磚橋稱為紅橋，所謂紅橋其實就是以紅磚為主要材料所搭蓋的橋，這樣的紅磚橋可以遠溯到荷蘭與明鄭時期，因此可說是最具歷史厚度的橋梁。在重修臺灣縣志中就記載了「磚仔橋在西定枋，紅毛時用厚磚和蜃灰砌成，其堅如石，洪水衝塌，舊蹟猶存」一文中的紅毛就是指荷蘭人，而這也有可能是臺灣最早的紅磚拱橋。在臺南古都的西定坊，據說還有荷蘭時期之磚仔橋。

紅磚橋的建橋原理與糯米橋類似，紅磚橋也是以拱橋的形式呈現，由於拱橋是最符合科學原理的橋梁，不但符合力學原理，而且減少洪水的直接衝擊。只是材料改以長方形磚頭代替石塊，然後也是一樣用紅糖、灰石等作為黏合的材料。由於跨距無法太大，因此紅磚橋主要也是出現在北部的丘陵和平原，跨越比較小型的溪流，連接重要的城鎮。

磚造建築在日治前半期在臺灣大行其道。受到英人康德（Josiah Conder）的影響，培育出日本所謂的第一代建築家，像是辰野金吾等人，在臺灣設計出涵括歐洲各時期風格特色的磚造建築，應用於許多官方與公共建築。磚造建築被稱為紅樓，磚橋則被名為紅橋。

後來因為日本本國的關東大地震以及臺灣中部的墩仔腳大地震，致使磚造建築式微，特別是進入昭和年間以後。

建橋所需的紅磚，多半是出自於附近的目仔窯燒製出來的，這種目仔窯在日治時期傳入臺灣，一直到四十年代還頗為流行。以桃園縣龍潭鄉三坑子的大平紅橋為例，在日治時期因為建設石門大圳，帶動了三坑子的磚窯產業，而製磚所需的黏土，即取自四周的水田。不知道是否因為這樣的緣故，目前為止留存的紅磚古橋，竟然集中在龍潭、大溪與平鎮這三個緊鄰的鄉鎮一帶，包含和大平橋同樣完工於大正年間大溪鎮打鐵寮古道上的太平橋、濟安橋，以及桃園縣平鎮市的鎮南橋、伯公潭橋。而唯一不在此區的磚橋，就是墩仔腳大地震中被震毀，如今名氣響亮的殘存磚橋，那就是縱貫線鐵路舊山線的魚藤坪斷橋。

濟安橋位於大溪鎮打鐵寮古道起點不遠處，打鐵寮古道位於大溪三層附近，由於附近群山環繞，這條古道是過去大溪與復興巴陵之間往來的唯一聯絡道路。竣工於大正十五年（西元一九二六年）的濟安橋是一單拱的紅磚橋，與現存許多古橋較不同者是，該橋有拱形的橋面，走起來別有一番趣味，也因為其造型有如龜背，所以也被稱為「翹龜橋」。

鐵道上的鋼製桁架橋梁

日治時期日本引進歐美建築技術，在橋梁的材料上，人造的材料取代自然材質，材料的抗壓與抗拉性上都較過去有所提昇，其所使用的材料大多為鋼筋混凝土、鋼鈑與鋼材、預力混凝土等。值得一提者，乃是日治時期有許多鐵路橋梁都是採取鋼材桁架橋的設計。

縱貫線鐵路之完成，是日本佔領臺灣後，列為開發臺灣經濟資源的首要工作，並成立相關的鐵路管理組織，從最早的「臺灣鐵路線區司令部」，一直到一八九九年（明治三十二年）成立「鐵道部」，負責籌建全島鐵路。然而臺灣東西向河流眾多，因此如何建造跨越這些河流的橋梁，乃成為完成縱貫線鐵路的最大挑戰。

而所謂的桁就是指屋頂下面托住椽子的橫木，其原理就是用另外一個架子支撐橋梁重量。尤其是跨距較大的鋼橋，藉由桁架的支撐避免梁的深度太大而看起來笨重，桁架橋是早期橋梁中能夠兼具較長跨距及承載力者，縱貫線鐵路沿線有為數不少的桁架橋梁，例如舊山線的大安溪橋、大甲溪橋，以及下文要介紹的下淡水溪鐵橋。

每節桁架都是由上弦構材、下弦構材與斜構材所組成，這些縱橫交錯的鋼材乍看之下非常複雜，實則是數個規律上

濟安橋拱形的橋面，所以也被稱為「翹龜橋」，走起來別有一番趣味。

下排列的三角形，構成美麗的圖案，因此也有花梁橋的美稱。遠望之，連續排列的桁架氣勢壯觀，猶如水上的堡壘。記得兒時搭乘火車，當火車快速通過此類桁架橋，一個接著一個宛如小山的桁架與花梁快速從身邊通過，好像越過一座座小山坡，忽上忽下，煞是有趣。

下淡水溪鐵橋連接現今的屏東市與高雄縣大樹鄉，這座橫跨高屏溪的長橋，落成於大正三年（民國三年，西元一九一四年），總長一五二六公尺，是臺灣最長的桁架鐵橋，鋼梁構材在日本製造後運送來臺安裝，由二十四節鋼桁架與二十三座橋墩構成，橋墩則是由磚造外覆花岡石的沈箱製成。相較於先前完工的大安溪橋、大甲溪橋，分別只有十座與六座桁架，下淡水溪鐵橋確實有著不凡的氣勢。

現在稱為高屏溪的下淡水溪，因為河面寬闊，跨越該河之橋梁建造不易，因此當時縱貫線鐵路道西元一九〇八年雖號稱全線通車，但實際上只通車至高雄。而也因為下淡水溪鐵橋工程之延宕，九曲堂到屏東這段，也可說是縱貫線鐵路最重要、最艱鉅的工程，一直到一九一四（大正三年）年始完工。在完工之時，還有亞洲第一長橋的美稱，不僅是彼時高雄與屏東之間往來最早的一座橋梁，也是高屏地區最具代表性的地標。

該鐵橋已於民國七十七年功成身退，原本鐵路局打算拆解，幸好經過高屏地區民眾之爭取與奔走，終被內政部列為國家二級古蹟，也免於對文化史蹟的另

下淡水溪鐵橋是臺灣最長的桁架鐵橋，落成於日治時期大正三年。

一次的戕害事件。

跨越大河的鋼筋水泥橋梁

日治時期雖然橋梁的材料與工法，較之過去有較為長足的進步，但是大體上而言，明治與大正年間，大型橋梁仍舊採用石拱糯米橋，新式的鋼筋混凝土到了昭和年間似乎才逐漸普及。而長度也從突破一百公尺到五百公尺、一千公尺，民國三十年完工的濁水溪橋甚至到達兩千零七十公尺。而截至民國三十四年臺灣光復為止，已興建橋梁二千三百餘座。

這些橋梁都因為身處各地的交通幹線，隨著臺灣經濟的起飛，交通流量日益增加，當時完工的橋梁到現在絕大多數都已經退場，有的原地重建，有些基於安全的理由而被拆除，能夠倖存者屈指可數。就筆者目前所知的，有完工於昭和五年的高雄市美濃區的美濃舊橋、宜蘭縣冬山鄉冬山橋，完工於昭和八年的新北市三峽拱橋，以及昭和九年的臺中市大安區舊大安公路橋。

和今日以鋼筋混凝土為建材的橋梁相比，這些橋梁仍然注重外觀美學的修飾，像是特殊造型的望柱，線條流暢、作工細緻的連續矮欄杆，再配上古樸的洗石子外層，所以看起來仍舊別具韻味，再加上數十年光陰的洗禮，讓人走在橋上還多了一份懷古的遐想。

昭和年間現代主義思潮的風行，其影響所及在建築上便是擺脫繁複朝向簡潔，而幾何圖形與線條成為最主要的建築語彙。這座橋的連續欄杆，是每側八個形制相同的單位所構成，而兩個單位中間便是橋墩。每個單位的頭尾是較高與較寬的方柱，柱頭有方形的突起，柱身有兩道凹槽，中間則是較小而單純的方柱。為了除去銳利的直角，欄杆的扶手被修飾成長條的平面，不僅顧慮到行人的安全，更增加了美感。每當午後四、五點之際，自西方斜射的陽光，穿過連續的直立欄杆，共同形成一道綿延的明暗相間光影，彷彿引領人們進入「瀰濃」的舊日時光。

南側橋頭的入口處還做了左右兩側向外側延伸的半弧形欄杆。這樣特殊的表現手法，在日治時期的橋梁似乎有跡可循，遠在臺中市的中山綠橋，在靠近火車站的一頭，也修築成向外擴張的八字形。這樣的修築方式，使得原本剛硬的建築物，宛若化身為一個張開雙臂的人，歡迎你走過這座橋。

已經超過八十年歷史的美濃舊橋，目前已經被高雄市政府列為歷史建築，不僅見證了美濃的發展過程，更向世人展示其優美的面貌以及當時嚴謹的作工。

架通兩岸也聯結古今

身為臺灣人，對於日本帝國在臺灣殖民五十年的事實，我想必定有許多複雜的情愫。從政治的意識形態與民族主義的鏡頭，會認為這是一段引以為恥的過去，特別是異族統治的血腥鎮壓，令人為那些捐軀的烈士感到不捨與動容。

正如同電影「一八九五」描寫客家同胞在乙未戰爭，呈現了護衛國家主權與民族認同的壯烈事蹟，同時燃起觀眾對民族認同的熱情。但是另一部電影「海角七號」中，則是描述各自屬於相異文化的兩個尋常百姓，所發生的刻骨銘心愛情故事，而使得觀眾可能對於兩個因戰爭而不能成眷屬的有情人而感到惋惜。但無論從哪個角度，我們都難以否認這段曾經在臺灣這塊土地上發生的事實。

筆者卻認為，每座古橋不只架通了被河流切割的兩岸，更聯結被時間劃分的

完工於昭和五年的美濃舊橋已經改為人行為主的橋梁。

過去與現在。她承載歷史的發展與先人的事蹟，更是古橋所在之地發展過程的最佳註腳。所以日治時期所留下的古橋，可以是殖民統治下的政績，讓國民政府當局曾經欲去之而後快。但是他們的確也對臺灣的進步與開發，有一定程度的貢獻，也提昇了臺灣的橋梁建築的技術。

探訪古橋，筆者喜歡從橋頭、橋尾，品味橋梁本身不同角度的美；站在橋上望向周遭，享受不同的風景視野。筆者以為，像欣賞一座日治時期的古橋，應該也有多樣的視角，必定能有多元的收穫。

（原文刊載於臺灣月刊九十八年二月號「電子版」，本文經過補充與修改）

橫跨臺中市綠川的的中山綠橋，「中山」兩字是國民政府來臺後再加上去的。

橋梁命名大觀

橋名故事多

如果有人問你金門橋在哪裡？你可能會回答在金門吧。在臺中市東勢區下城里，有一座稱作「金門橋」的糯米橋，這座橋小巧玲瓏，但名稱卻透露一股雄偉氣勢，讓人聯想到臺灣海峽那具有「固若金湯、雄鎮海門」之勢的「金門」島，此外也可能會想起美國那座跨越舊金山灣的宏偉橋梁——「金門橋」。

事實上，在很多人的日常生活中，每天可能都會路過一、兩座橋梁，但是多數人可能習以為常，並不會對這些提供他們輕易渡河的橋梁，有什麼其他的想法。然而，臺灣建橋的歷史可遠溯自荷蘭、明鄭時期，在這三、四百年的建橋歷史中，關於橋梁的歷史與故事很多，值得去細細品味。

單就如何為橋梁命名，可能就稱得上是一件值得探究的典故。特別是一些古橋名稱的由來，有些頗具趣味，有些又深具意涵，以下將以清代、日治時期至民國四十年前後的古橋為主，述說橋梁命名的方式與故事。

地理位置與橋名

臺灣橋梁的數量眾多，主要是因為大小河流密佈，根據交通部九十六年底的統計資料，全臺各道路的橋梁數量合計一萬一千九百一十八座，這麼多的橋梁都有其各自的名稱。一般而言，其最主要的命名方式就是以橋的所在地，例如非常有名的西螺大橋。

其次是橋梁所連接之兩地各取一字，像是民國九十七年九月初被辛克樂颱風所造成的暴漲溪水沖斷的后豐大橋。再者就是橋梁所跨越的河流名之，例如連接現今的屏東市與高雄縣大樹鄉的下淡水溪鐵橋，下淡水溪乃高屏溪的舊稱。以前述橋梁命名方式的例子比比皆是，但是筆者卻發現雲林縣古坑鄉，有一座糯米橋，在這樣的命名原則下，卻成了「神橋」。雲林縣古坑鄉的華山地區近年以咖啡聞名，卻鮮少人知道在華山國小後方有一座日治時期的神社，要通往神社必先通過跨越山間小溪的糯米橋，該橋於昭和十七年（民國三十一年，西元一九四二年）完工，因為是通往神社所在地，所以就被稱作「神橋」。乍看此橋名，若不知其背景，還真有點「丈二金剛」——教人摸不著頭腦。

雲林古坑華山國小後方的神橋，該橋經過改建後，被保留下來的望柱。

材料就是橋名

明末清初，臺灣許多地方還沒開發，橋梁也尚未普遍，當時習慣以建橋的材料來為橋梁命名。明鄭時期於臺南東安坊（現在的社教館附近）建有大枋橋。臺灣縣志中指出，大坊橋「在東安坊嶺後通衢之中，官府往來之所也」。架枋為之，因以名橋，偽時所建。康熙二十三年，知府蔣毓英重修，後屢圮屢修，皆出縣官捐俸焉。」文中提及這座橋以巨木為架，橋上舖以四方形的大枋，而這同時也是大枋橋命名的由來。

另外，昔日從諸羅縣南下通往府城，必須取道新營到下營，其必經之路的鐵線橋也相當著名。該橋跨越急水溪，諸羅縣誌就曾提及：「為縣治往郡必由之路。舊時冬春架竹為之，上覆以土；夏秋水漲漂去，設渡以濟行人。五十五年（康熙），知縣周鍾瑄各建木橋。」鐵線橋的名稱由來有兩種說法，其一是為了串連與固定一排排的竹篾，兩岸須用藤索或粗鐵線加以固定，因此這種索橋又稱鐵線橋，甚至到後來，鐵線橋已經演變成為地名。

位於北部山區的河谷，則是就地取材安山岩和砂岩，前者屬於火成岩，後者則是沈積岩。由於安山岩和砂岩的特性，有利於打造成長形的石板，再將三塊石板並列構成橋面，修建成跨越深溝

新北市石門區豬槽潭北第十七鄉道旁的三板橋。

或河谷的石板橋，這就是所謂的三板橋。例如建於清朝同治十年（西元一八七一年），位於大屯溪古道上的三板橋，便是利用當地的安山岩為材料，由於石材堅固不易毀損，因此到現在還保留下來。北部山區至今還有許多類似的橋梁，都被稱之為石板橋。

而建造於日治時期昭和十五年（民國二十九年，西元一九四〇年），橫亙於南投縣國姓鄉北港溪上的糯米橋，儘管目前已被政府列為第三級古蹟，一般還是以其建築時所使用的黏合劑之一的糯米來稱之。事實上，到現在筆者在探訪新竹、苗栗山區的糯米橋過程中，許多當地人習慣就是只以糯米橋稱之。

特別的紀念意涵

隨著橋梁愈來愈多，每座橋開始有其自己的名稱，以供人們區別與辨識。在我們華人的傳統中，造橋鋪路乃是一種公認的善行嘉舉，因此乃藉由橋名來彰顯這樣的舉動。

隱身於彰化縣八卦山風景遊樂區的山谷內，有一座造型簡潔的鋼筋水泥橋，其名曰「銀橋」。第一次聽到「銀橋」這個名稱，腦海中不免升起許多的美麗畫面，尤其在許多關於銀橋的介紹，總是將其和自山谷上方湧出的「飛瀑」連結在一起，令人不免想像一座在飛瀑下方，閃著耀眼光芒橋梁的美景。

究其原因，銀橋前身是一座鐵線橋（吊橋），乃是日治時期的彰化神社，通往北白川宮能久親王彰化遺跡碑（原址改建為八卦山大佛）的連接橋梁。該吊橋因年久失修，於民國三十九年十二月由彰化商業銀行出資改建，故稱此橋為「銀橋」。彰化縣政府則於民國九十二年，將此橋列為該縣的歷史建築。

至於清代林爽文起義之地——大里杙，也就是現在的臺中市大里區老街附近，有兩座橋，一座名之為「花甲橋」，另一則喚做「古稀橋」。原來捐資建橋者，是現今大里杙老街中，保存最為完整的古宅慶源堂創建人林秋金。根據大里市誌指出，林先生年輕的時候是在霧峰林家擔任總管，人稱「秋總長」或「秋家長」，經過多年努力而自立門戶，日人治臺後，由於善於經營地產，而累積雄厚資本。事業有成之後，林秋金也熱心公益，於六十大壽與七十大壽之際，分別興建「花甲橋」與「古稀橋」，以解決當地人們渡河的困難。

由彰化銀行出資的八卦山銀橋，名稱給人無限遐思。

位在大溪鎮打鐵寮古道的太平橋，是一座紅磚橋。

深遠的寓意

在過去科技不發達，交通不方便的年代，渡河或過橋都不是一件容易的事，人們就會起個期望平安、順利的橋名，也算是為過往商旅祈求與祝福，同時也更加顯示了人們對大自然的敬畏。

位於桃園大溪鎮打鐵寮古道起點不遠處有一座濟安橋，該橋所跨越的草嶺溪由於頻傳水患，造成往來古道行旅者的不便，所以村民便於大正十五年（民國十五年，西元一九二六年）集資建橋，並且立碑紀念此事。此建橋紀念碑在古道入口不遠處的左側竹林，碑文因為年代久遠而字跡斑駁，主要提及建橋緣由及樂捐者姓名。

此次集資總共興建太平橋、濟安橋，另外古道上還有一座東興橋。從這三座橋的名稱，我們可以想見當年古道路途遙遠與渡河之不易，因此橋名寓含了「渡濟平安」與「東興太平」的祈願。另外像是在苗栗縣公館鄉，完工於昭和三年（民國十七年）的永昇、樂善與萬安三座糯米橋，也是具有祈福、保佑平安的寓意。

當然，多數的橋名寓意都較為嚴肅，但也有令人莞爾的橋名。位在新竹縣第二十五號縣道的南華橋，百年前還是座木橋，日治時期日本兵馬從橋上經過，因為木橋不勝負荷，致使馬兒摔落橋下，因此地方上的人們就稱這座橋為「跌死馬橋」。無獨有偶的是，位於新北市貢寮區遠望坑，以及宜蘭縣頭城鎮大里之

苗栗縣公館鄉的永昇橋，橋名具有永保昇平的寓意。

間的草嶺古道上，還保有一座「跌死馬橋」。橋旁的簡介寫著：「百餘年前還是座木橋，十分窄小，有民眾從基隆騎馬到此，馬匹已疲累不堪，在窄橋上曾摔死過幾匹馬而得名。」

標示方位

在本文一開始就提到的「金門橋」，其名稱著實讓筆者苦惱許久，後來才從當地耆老張老先生的協助解開答案，而這得從金門橋所在的下城里的過去談起。

根據東勢鎮志開闢志一章中的記載，下城里的開發可遠溯自嘉慶十三年。下城聚落在清朝開發之初，因為位處於平地與山區的交界，不同族群間為了生存的資源或地盤，導致發生激烈的械鬥與搶奪，期間也歷經同治年間「戴萬生之亂」，庄民成立義民會支持官方，派兵丁外出參戰，因此成為戴萬生亂黨的攻擊對象。即便到了日治時期，當地仍舊不甚平靜，時常與原住民產生糾紛，或遭受盜匪攻擊。因此在建築上如何保護庄內安全與人員進出的管制，乃成為首要的考量。

金門橋因位於下城里的西邊，在中國天干、五行與方位表示上，東以「甲乙木」；南以「丙丁火」；中以「戊己土」；西以「庚辛金」；北以「壬癸水」分別表示之。因此「金」乃有代表西方之意涵，而「門」則具有出入口之象徵，「金

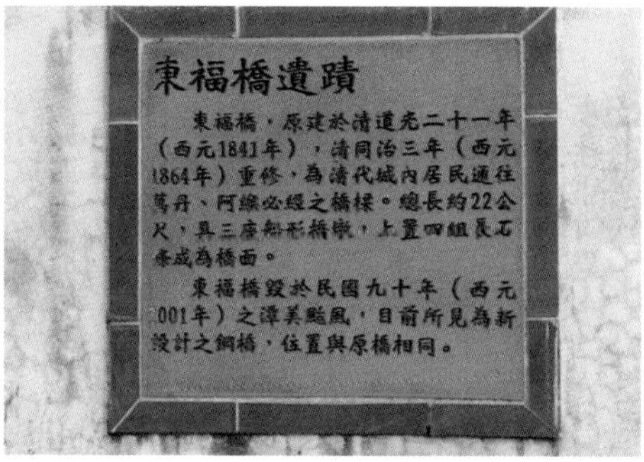

東福橋位於高雄市鳳山區舊城東便門，左圖是東福橋的解說牌。

門」代表著扼守西方出入口的意涵。為了保護和興庄里民的安全，除了庄界四週種植刺竹，藉由金門橋作為管制與了解進出下城里的人員。若是有外人從橋上經過，便可以立即發現。

事實上，以橋所處聚落或城鎮的方位來命名並不少見，但多數直接指稱其方位，例如建於同治三年（西元一八六四年），位處過去鳳山縣城碩果僅存的古城門——東便門的東福橋，就是一例。但是像金門橋這樣的間接命名方式則較少見，但是卻具體表現華人傳統中，重視「地理風水」文化的獨特性，以及前人的生活智慧與素養。

橋名變變變

臺灣近四百年的歷史中，歷經過不同的統治者，而統治者的文化霸權與意識形態，也反應在橋名上。其中最為明顯的就是國民政府來臺初期，基於反共復國意識與領袖人物的型塑，而經常將橋名之為中興橋、光復橋、中正橋、中山橋等。

當然，隨著統治政權的轉換與當代主流意識形態的改變，橋梁的名稱也會隨之改變，位在臺中市鬧區的中山綠橋就是一個最好的例子。

中山綠橋跨越的綠川，蜿蜒貫穿臺中市。綠川原本稱作新盛溪，中山綠橋的原名也叫做新盛橋，但是依據臺中市史的記載，新盛橋更早的名稱叫做五天橋。日治時期，第五任總督佐久間左馬太於

中山綠橋
民國前十三年興建
民國八十五年整修

從五天橋到新盛橋到中山綠橋

大正元年（西元一九一二年）巡視新盛溪時，發現兩岸遍植花木、翠綠怡人，於是將之改名為綠川，而新盛橋也隨之改為綠橋。

至於中山綠橋的「中山」兩字的由來應該是日本戰敗投降，國民政府接收臺灣，行政長官公署當時「為破除日本統治觀念」，制訂公布「臺灣省各縣市街道名稱改正辦法」。而日治時期的新盛橋通被改名為中山路，而綠橋之前也再加上「中山」兩字。不過這幾近年來，有部份的臺中市民發起將綠川重新改回新盛溪，中山綠橋也應重新改回新盛橋的運動。

就像跟老朋友打招呼

橋名如同人名，有些雖然普遍但卻好記，有些則是有其特殊的典故，但是令人印象深刻。簡單明白的橋名，讓人們知道其所在或地緣關係；需要經過一翻探究才能明白其意涵的橋名，讓我們在追尋過程中，發現了過去的歷史、故事或文化價值。

當我們對橋名有所認識以後，在走過某座橋時，我們稱呼她的名字就會像跟老朋友打招呼一般，充滿了熟悉與親切感，並感謝她讓我們能夠方便而快速的過河，而不需像古人得冒險渡河或搭乘渡船。

（原文刊載於歷史月刊二四五期（98.3），本文經過局部修改。）

人

第一篇

不同的材料　多元的氛圍

一、就地取材的石板橋

在早期科技、交通運輸不甚發達的年代，人們在山區想要造一座堅固、耐久的橋梁，石橋應該是最佳首選。橋所需的石材，全部來自於就地取材，不但不需考慮運輸的問題，而且與當地的環境完全融合，就如同原本就屬於山林間的一部分；儘管橋體不大，也沒有過多的裝飾，但卻安全而耐用。

臺灣可見的石橋，大概可分成兩種，一種是大家比較熟悉的糯米石橋，另一種出現的時間更早，就是所謂的石板橋。相較於前者，石板橋的工法更加簡單，也不用糯米作為黏合的材料，常常就是以三塊長形石板排列在一起，特別是臺灣北部的山區還算常見，所以有人就通稱他們為三板橋。

不過接著要去探訪的這兩座橋，卻不是較常見的三板橋，而是各具特色的兩座石板橋。

‖ 觀德橋是本書中唯一不在臺灣本島的古橋，也是歷史最為悠久。其石材取自金門著名的花崗石，走在橋上頗有一種「靜觀自得」的怡然。

‖ 隱藏在山林間的大舌湖橋，位在新北市坪林區的漁光派出所附近，這座橋運用了一種被稱作「疊澀」的工法，外型看起來如同積木堆疊一般。

橋上的靜觀自得

金門觀德橋

仍然清楚記得那一天，我從遠處看見她在田野中的優美身影；當我逐漸靠近，空氣中彷彿有一種花崗岩被太陽炙燒的特殊氣味；直到親臨其上，更從她身上領略浯島綿長的文史溫度。

儘管那是一個高溫的炎夏午後，但是在橋上卻讓人靜觀自「德」。

靜觀自「德」

導遊也不知道的景點

二〇一〇年夏天，在即將降落金門的飛機上，看到滿佈花崗岩的小山頭，一路平穩的飛機卻在此時晃了好幾下，彷若我那稍帶激動的心情。說來奇怪，臺灣不少離島都曾經到訪，但唯獨來到金門有一種不一樣的期待。

對於金門最初的印象，不外乎是戒備森嚴的前哨基地。而這樣的印象，主要來自於當年被「反共復國」意識形態宰制的課程與教科書，還有那些曾到過金門服役的父執輩們，在真實中帶些誇張的描述。而如果真的要挑出對於金門有什麼稍微不一樣的感覺，恐怕

即便是金門當地的導遊，可能也不知道觀德橋這座有一百多年歷史的古橋。

就是楊牧筆下的文章——「料羅灣的漁舟」，讓人感受到肅殺金門中的一絲寧靜。

金門長年以來因為戰地的管制，一度讓人難以窺探其真實的面貌。直到民國八十四年金門成為臺灣第六座國家公園，有了更多機會向世人展示其豐富而特殊的歷史人文與自然生態。隨著到訪的遊客日漸增多，不同背景、需求殊異的遊客，都可以在這個面積不大的小島，尋找各自期待的滿足。有些人對其軍事設施與濃厚戰地氣氛，留下深刻印象；有人獨鍾其各式各樣的特產，像是高粱酒、貢糖等；愛鳥人士則認為金門是賞鳥天堂，因為此處遍植各種林木和數量不少的人工水塘。

然而，對於我這種沉醉於古蹟欣賞的人，悠遊在其保存良好的閩南建築和聚落，可謂流連而忘返。不過，此行還有一項特殊的任務，就是去尋找一座道光年間古橋——觀德橋。這座橋可能是臺灣地區歷史最悠久的古橋，只是金門畢竟是臺灣的離島，因此一直到二〇一〇年的暑假，才能一償夙願。

那天中午一到金門尚義機場，見到接機導遊的第一件事情，便請求導遊能否協助帶領，或是告知正確位置。只是導遊一聽到橋名，臉上卻浮現一臉茫然，原來他從未曾聽聞此一古橋，或許是金門古蹟太多，也可能是觀德橋名氣不夠。

橋上的時空邂逅

一座橋不只是架通遭溪流隔開的兩地，常常也是聯結被時空分隔的前人與今人。

觀德橋建於清道光三十年（西元一八五〇年），距離現在已經超過一百六十年。現在站在觀德橋上，前後並無銜接的道路，而向四面眺望，除了一條自環島北路分岔而來的小徑之外，幾乎都是蒼茫的田野。殊不知觀德橋正是位於昔日的官道，這條

金門有保存良好的傳統聚落，圖中是水頭的得月樓。

古官道自明朝年間就已經具備雛形，起點是在舊金城北門。

金門的開發甚早，可以遠溯到晉朝之際，舊金城是明朝洪武二十年（西元一三八七年）時，將夏侯周德興奉命建造。明朝政府為了統治的需要，在島上的峰上、田浦、官澳、陳坑四個地勢險要之地，設了四個「巡檢司城」。當時與大陸往來是從東北角的「官澳」，此處是金門島距離大陸最近的渡口，也是現在非常著名的「馬山觀測所」一帶。然而，金門的軍事中心「金門城」，卻是位在西南方，所以來自官方的公文或人員，當時就得藉由稱之為「官道」的路線往來於兩地。

這條官道其實並不是官方出資修築，而是將一些現成的小徑加以聯結，只因為常有官方的人員往來其上，所以被稱之為「官路」或「官道」，這條「官道」早已不復存在，但是根據當年所遺留下的史蹟，像是歷史悠久的聚落、古牌坊、墓碑，仍可拼湊出大致的路線。位於金門東北高坑的觀德橋，就在這條古代官道上，當時附近的古官道大致上是與現在的環島北路平行，甚至有一部分重疊。

歲月的洗禮，加上人們的踩踏，觀德橋散發出悠悠的歷史光澤，行走其上不只慕古之情油然而生，更能感受它所承載的歷史厚度。那些百多年前從橋上行過的古人，很多是遞送公文的官員，有些是運送貨物的商賈，也可能是像徐霞客一般的旅人，或許有相約於此橋碰面的私奔兒女……

四塊長方形花崗岩石板所鋪成的觀德橋。

觀德橋素描

記得小時候看電視的氣象報告，當預報各個地區的天氣時，電視畫面上總是會出現該地的著名地標，例如臺中的湖心庭，臺南的赤崁樓，至於金門就是那塊「毋忘在莒」的大石頭，只是當時不太懂這四個字的意思，也不知道其在金門的正確位置。

到了年紀稍長，才從教科書中知道那四個具特定意識形態的大字，是刻在花崗岩地形發達的太武山。後來又聽聞金門之所以能有許多固若金湯的地下設施，也全拜花崗岩之賜。因此，金門的花崗石一度在我心中，背負著戰地與反攻復國的重擔，正如同其本身一樣沉重。其實，金門的花崗石應該和其花紋一般的美麗，因為她與金門人傳統的生活與建築息息相關。

觀德橋基本上是由四塊長五公尺、寬五十公分的長形花崗石板所鋪成，以現在的眼光與標準來看，觀德橋只能算是一座小橋，其長度不過五米，寬度也僅兩公尺左右。花崗片麻岩的地形在金門東部非常發達，而「就地取材」是古人建築的智慧，這是一種兼具環保與在地化的深度哲思，也因此金門的傳統民居，大量使用這種本地的石材。相較於傳統民居仍然為數不少，但是觀德橋卻可能是唯一僅存的花崗石橋梁。

觀德橋既然是以花崗岩為材料，橋上精美的石雕更讓這座石橋散發濃厚的藝術氣息。觀德橋兩頭望柱的石雕並不一樣，一頭是獅子，另一頭是蓮花。獅子在傳統建築中是經常出現的裝飾題材，在大陸古橋中，橋上用獅子作為裝飾也算頗為常見，而最為著名者，不外乎揭開八年對日抗戰序幕的盧溝橋，橋上的欄杆柱頭裝設有許多各自不同姿勢與表情的獅子。雖然觀德橋僅有兩隻小石獅子，卻更引人注目，而增添了這座橋的古意，當然也是建橋者與設計者，希望過橋的行人都能平安順利。至於蓮花象徵「出污泥而不染」，表彰君子高尚德行，甚至有

觀德橋兩頭望柱之一的石獅子，具有守望過橋行旅平安之意。

可能是呼應橋名「觀德」之意涵。

我坐了下來，感受觀德橋所體現的歷史溫度，伸手撫摸著這歷經億萬年孕育而成的花崗石，竟意外發現外側的石板上有數個方形小凹洞，這應該是過去橋上裝設欄杆的榫孔，更讓人感受這座橋，除了蘊含豐美的浯島傳統建築哲學以及獨有的橋梁藝術語彙之外，更多了一份貼心。

愴然而不淚下

觀德橋靜臥在高坑的田野間，站在橋上環顧週遭四野茫茫，頗有一種「前不見古人、後不見來者」的感懷。那些古人如今都已杳無蹤跡，只能從橋上被踩踏的磨痕去想像。至於來者，若不是像我這樣的「食古」之人，現在已經很少人會從這座橋上走過。

儘管四週天地悠悠，教人感傷觀德橋被遺留在浯島的歷史暗角，我卻未必淚下，甚至某種程度的感到竊喜。正因為沒有受到太多的注目，也未列名金門著名的景點，讓她能夠遠離雜沓觀光客的蹂躪，而得以保有尚稱不錯的原貌。

那個炎夏的午後，我在觀德橋上漫步，耳邊似乎也響起那來自遠古的跫音，當陣陣涼風吹來，帶走

我些許的愴然，期待更多像我一樣喜歡流連於舊日時空的人們，在這座花崗石橋上留下足跡。

四週天地悠悠，靜臥在金門一隅的觀德橋。

觀德橋 小檔案

名稱	觀德橋	**跨越溪流**	不知名
竣工時間	清道光三十年（西元一八五〇年）	**主要建材**	花崗石板
所在位置	金門縣金沙鎮高坑里	**周邊景物**	瓊林古聚落、太武山
備註	一、長五公尺、寬兩公尺 二、金門縣定古蹟		

大舌湖橋

如同積木堆疊的石板橋

茶葉之鄉尋古橋

坪林是一個好山好水的小鎮，其境內所生產的文山包種茶更是遠近馳名。在過去北宜高速公路尚未通車之前，只要取道臺九線到宜蘭，這個山城是人們的必經之地。如今此地假日的車流不再，也減少了賺錢的商機。然而這個原本應該隱身山林間的山城，似乎有機會重回舊日寧靜的面貌。

坪林被群山環抱，長期以來交通並不方便，更因為境內大小河流又多，更增添各地往來之阻礙，所以橋梁成為坪林地區交通發展的關鍵。不過也因為這樣，區內也留下數座大小橋梁，成為該區交通發展的見證。完工於日治時期明治四十五年（民國元年，西元一九一二年）的坪林舊橋，不只是當時連絡臺北和宜蘭之間唯一的橋梁，如今功成身退後更成坪林的地標。

不過坪林舊橋因為量體龐大，又位在要衝之地，所以不難尋找。倒是傳統的小型石板橋，經常隱沒在荒林雜草間，而且鮮為人知。就如同本文要介紹的大舌湖橋，需要憑藉一股傻勁，經過四處打聽與

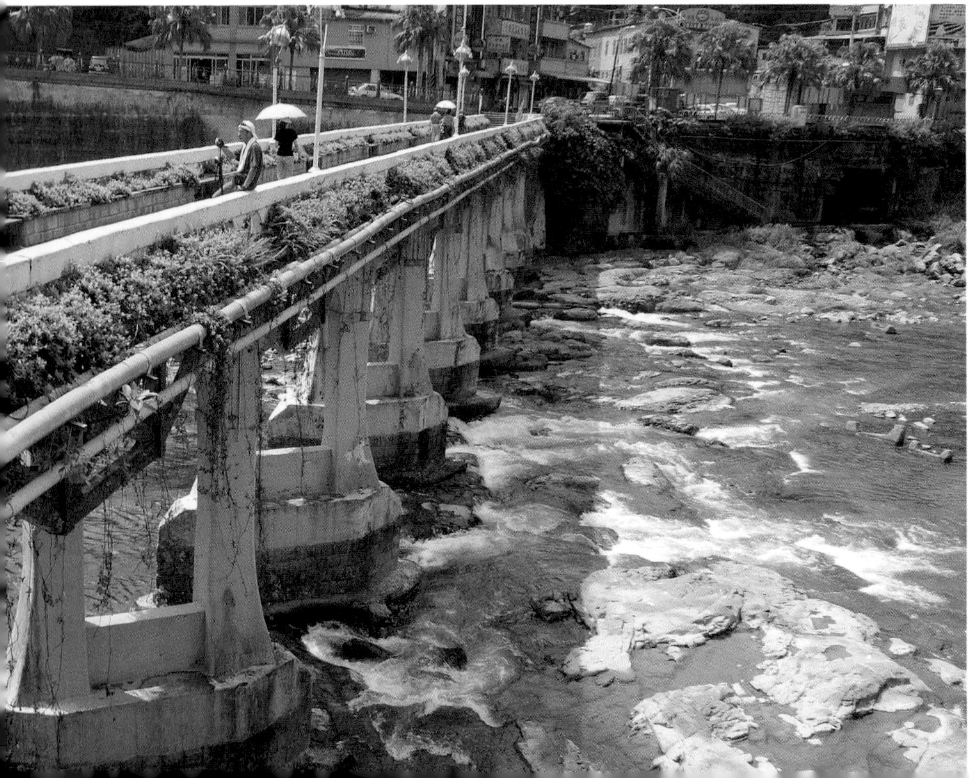

來到坪林就可以看到坪林舊橋，似乎在告訴我們這裡也是古橋之鄉。

詢問，願意涉過及膝野草，才能一親芳澤。

石板的功能與角色

電影「戀戀風塵」一片上映時，正是筆者服役之際。片中兵變的情節，引起當時軍中不少同袍的共鳴，但是筆者的思緒卻像買了一張單程車票，被電影中的火車載到那陌生、遙遠的山城。後來終於找了一天，搭上平溪線的火車。在那一個飄著細雨的初春，十分成了筆者第一個愛上的老街，同時首次發現用石板搭建的房屋。

新北市山區多產的安山岩，有利於打造成長形石板，可以被做成石屋、石板橋。在以前科技、交通還不是很發達的時候，利用這種石板來做橋，架通被河流山谷切割的兩端，更具備了堅固、環保與經濟的原則。而以石條或石板來建屋與搭橋，在大舌湖這一帶可說是最佳的展示場，後者自然是大舌湖橋，前者則是舊的漁光派出所。

大舌湖橋位在美麗的山林中，大舌湖名稱的由來是因為北勢溪流到這一帶形成一個大灣流，看起來如同一條大蛇吐信（舌頭），所以這個地方最早的地名就是蛇舌湖，後來又改名大蛇湖，光復以後才又改稱漁光村，臺北縣升格為新北市之後，漁光村

舊漁光派出所就是用石板砌成的房子。

又改稱漁光里。

根據一位住在大舌湖橋附近的鐘先生告訴筆者，最早這裡只有小徑到達坪林，而大舌湖石板橋如今看起來雖不起眼，卻是當時複雜淡蘭古道系統中的一段，讓前人在挑著重擔之際，能夠方便過河。大約民國六十年前後，蔣經國先生和孫運璿先生到此視察，還需要搭轎子進入到漁光國小，後來才開闢產業道路（北四十二縣道），鐘先生提到他到二十九歲之前還當過挑夫，當時從大舌湖走到坪林大約十小時，可以賺將近三十元的工資。

「疊澀」工法的展示館

很多人玩過積木，積木好玩的地方就是可以堆疊出各種造型，真實的生活中，有些建築就如同堆疊積木一般，大舌湖橋的橋體建築就是最佳的例證之一。

儘管北部的安山岩有利於打造成長形石板，但畢竟石梁受到材料強度的侷限，跨度還是有一定的限制，所以遇到較寬的河面時，就得另想辦法。例如同屬於新北市三芝區的三板橋，橋身石梁就分成四段，所以必須另外設三座橋墩，其中一處還是利用河中的巨型石塊作為橋墩。

至於大舌湖橋橋身只有一段，但為了跨越比石梁

大舌湖橋右方層層堆疊向外挑出的石板，就是所謂「疊澀」的工法。

還寬一些的河床，運用了一項流傳久遠的古代建築技術，名為「疊澀」——從河岸兩端向中間一層層堆疊向外凸出的石板，目的就是縮短橋的跨距，就能克服石梁不夠長的問題。

「疊澀」是源自古代磚塊或石砌的堆疊工法，每一層磚塊或石條皆比下一層超出一定之長度，逐漸向外挑出，在一些古佛塔上，特別容易看到這樣的工藝。疊澀不但得以克服材料抗壓不足的問題，滿足所需要的長度或跨距，同時也兼顧造型的考量。有人以為疊澀是「拱」的前身，但更多的看法認為澀疊是近代伸臂梁的發源。

走在橋上可以看到整座橋雖然約七公尺長，但五根作為石梁的石板長度約四、五公尺，前後兩端則各有一些排列不甚整齊的石塊，就是藉由他們的重量壓住作為疊澀的石板。如果有機會到此一遊，記得從側面觀察大舌湖橋，可以清楚的看到一層層往上、往外堆疊的石板，就知道什麼是「疊澀」。

大舌湖橋的身份證

正如同臺灣不少古橋仍留有建橋的石碑，大舌湖橋也有一座與其相稱的石碑。首先，其石材與橋身相同，皆屬於安山岩，就像這座安靜的躺在山谷間的素

整齊排放的五根石梁，就是大舌湖橋的橋面。

樸石橋，也沒有像官方所立的石碑，會有碑首的雕刻與特殊的碑座造型，唯一的變化就是碑首兩側的直角被削去，而這也是石碑很常見的一種形狀，稱作圭形石碑；同樣的，石碑量體不大，高度約莫六、七十公分，寬度大抵四、五十公分。

石碑的雕刻者可能也不是什麼高明的石匠，也讓筆者在解讀碑文時得小傷腦筋。不免聯想到路邊常見一些攤商老闆自製的臨時招牌或廣告，乍看之下實在難以理解，常常得費一番工夫才能體悟老闆的邏輯。這些老闆可能教育程度不高，或許太過隨性，但卻因為有著共通的生活文化背景，當路人在看懂內容的時候，叫人會心一笑。這塊石碑文字的布局安排顯得隨意，字體則稱不上秀美，卻有一種鄉野村人的樸質之趣，當筆者看出究竟後，彷若與前人存在一種難以言喻的默契。

獨具文字排列順序的大舌湖石碑。

這座石碑上段約四分之一部份的文字，有些須由右至左橫讀，有些則是由上至下閱讀，內容記載建橋發起人是警官則來陸夫、白士安與陳金好；董事人是白存達與白心婦。石碑下段約四分之三的部份則是整齊的記載捐獻者的姓名與捐贈的金額。

身為發起人，陳金好捐款是最多的十元，董事人白有達捐款五元，多數人捐款為兩元與一元。根據附近村內的信仰中心南山寺建廟沿革的資料中，陳金好與白有達也是建廟的發起人，因此這兩人應該都是當時熱心公益的村人。

此外，捐款總人數超過一百二十人，對照坪林鄉志的資料，日治昭和年間全鄉人口也不過一千兩百人上下，漁光村位處偏遠人口應該很少，因此可以推想捐款人數可說是非常踴躍，更印證了傳統中人們對於造橋舖路的慷慨解囊。所幸有這塊小而樸拙的石碑，就像是大舌湖橋的身份證，為我們記載當年許多建橋背後的線索。

只可惜，大舌湖橋望柱只剩下「四年十月」的文字還可辨認，上半段的紀年已經看不出建橋的確切時間。但是從建橋發起人是日本警官則來陸夫，只能推測是日治時期。至於是日治前半期或後半期，則又呈現不一致的線索。若從個位數的捐款金額，以及「疊澀」這種較古老的工法來看，或許大舌湖橋是建於日治前半期；但是以四個正三角形組合而成尖頭收尾的望柱，則是日治後半期昭和年間的風格。

文山包種茶的回甘

回想起幾次路過坪林，總是匆匆忙忙，因為宜蘭才是我的目的地。這次再到坪林，應該不再是路過此地的觀光客，而是有心要到坪林品嚐那份久違的遺世獨立，還多了一個探訪古橋的目的。

然則，被北宜高的開通而邊緣化的坪林，卻也因此陷入了危機。不過正如同俗語所說，「危機就是轉機」。若能重新整合區內的資源，應該能建構值得人們再度到此一遊的包種茶故鄉。

如今回想起來，那天在滿山茶樹山谷中的一條北勢溪支流上，看到大舌湖橋，就在筆者按下快門的剎那，彷彿嚐到了文山包種茶的回甘。建議您到坪林一遊時，繞過來走一趟石板堆疊而成的大舌湖橋，可以看到疊澀工法的最佳解說實例，也回味兒時疊積木的樂趣。

望柱的文字已經模糊，但尚可看出「大舌」兩字。

大舌湖橋　小檔案

名稱	大舌湖橋	跨越溪流	北勢溪支流
竣工時間	日治不明年代	主要建材	石板（安山岩）
所在位置	新北市坪林區大舌湖	周邊景物	大舌湖、漁光派出所、漁光國小
備註	橋長約七公尺；寬約一・五公尺		

二、

糯米做的橋？

想必不少人聽過「糯米橋」這樣的名詞，因此有人誤以為是用糯米做的橋，也有些人把古代的橋和糯米橋畫上等號。這些想法固然不是完全錯誤，但是似乎也透露了人們對於糯米橋一些不當的認知。

「糯米橋」的由來是水泥還沒有發明之前，以前的人就把糯米經過煮熟擣成泥狀，加上石灰及黑糖，成為很好的黏劑。其實古代不只是石橋，連磚橋都是以此方法黏合建材。

臺灣現在還有為數不少的糯米石橋，許多隱身在北部山林之間。經過長時間的淬煉，他們和週遭的景緻非常融合，成為人們在探訪大自然時，另一項驚訝的發現。

‖ 水簾橋是新竹縣峨嵋鄉一座原汁原味的古橋，橋名充滿詩意，欄杆的石雕具有意境，身處翠綠的山林之間，令人流連忘返。

‖ 臺中市東勢區下城里有一座金門橋，這座橋的橋體不大，倒是橋名有著非常特別的意涵，更可看出早期客家人來臺開墾所面臨的處境。

水簾橋

詩意與古意兼具

或許是長期浸淫在古蹟的探訪中，筆者有時會奢望當眼睛睜開時，視線所及之處，盡是具備美感的傳統建築。然而，這樣的想像常常被隨處可見的鐵皮屋、線條死板的建物所戳破。

臺灣經歷了那個重視經濟發展的年代之後，許多傳統的事物也被破壞得所剩不多。古橋更是如此，在筆者的調查與探訪經驗中，就算現今還得以保留的古橋，多少都遭遇了「整」建的命運，能夠保存原貌的古橋只能說屈指可數。

位在新竹縣與苗栗縣交界的獅頭山區，有一座水簾橋，不但名稱充滿詩意，更是一座將近百年歷史的原汁原味古橋。

古橋的條件

筆者認為，要成為一座完整的古橋，至少要有以下幾項條件。首先是在外觀上保持原來的面貌；其次是盡量使用來自於當地大自然的材料。

臺灣古橋所剩不多，但有的古橋為了暫時獲得更寬的橋面，欄杆被拆除殆盡，殘存幾根原始橋柱或橋墩，像是在苗栗縣公館鄉的永昇橋。再不然就是橋頭的望柱被塗上水泥或不當的立碑所掩蓋，例如臺中市區跨越綠川的中山綠橋，望柱的建橋時間，已經被改成用「民國前」紀年，而不是日治時期的「明治」。還有些雖能保留欄杆與橋柱，但是橋面卻被鋪上柏油。藏身在臺中縣東勢鎮的金門橋，就是遭到類似的對待。

充滿詩意名稱的水簾橋，也是一座將近百年歷史的原汁原味古橋。

就第二項「就地取材」的原則而言，更是傳統建築最富哲思的表現。以古橋來看，北部山區常常就地取材安山岩和砂

隱身在翠綠山林間的水簾橋，彷若融入優靜的天地之間。

岩；中、南部建橋以常見的木材或竹子作為主要建材。由於石材經久耐用，所以如今在北部的河谷，還可以看到一些年代久遠的石板橋或石拱橋，前者還可追溯至清朝，後者則多出自於日治時期。至於木橋或竹橋，就算是到民國七十幾年，許多鄉下地方，還會採用來自附近山區的竹子，搭起大型橋梁。

筆者於民國七十四年初到南投縣擔任教師時，還曾親身走過這種橋。當時筆者服務於南投縣集集鎮的國小，而另兩位同學則分派至水里鄉的玉峰國小。現在從水里市區要到玉峰村，可走跨越濁水溪的玉峰大橋，但在當時筆者要探訪位在玉峰的同學，必須繞行遠路走永興橋方能抵達玉峰。但是到了秋、冬季枯水期時，河床上會搭起一座類似溪頭大學池的拱形竹橋，而取道竹橋可直接從水里市區到玉峰村，約莫可節省二、三十分鐘的車程。不過春夏的第一場大雨，就可能讓這座臨時的竹橋「付諸西流」（臺灣西部的河川流向都是由東往西）。

由於是就地取材，加上這些古橋經過時光的長期滋養，幾乎融入於周遭的景觀，彷彿原來就是山林或溪谷的一部份。所以倘若將材料更換，就算外觀盡量保持原始模樣，仍舊顯得格格不入。雲林縣古坑鄉的華山地區近年以咖啡聞名，在華山國小後方有一座日治時期的神社，要通往神社必先通過跨越山間小溪的糯米橋，該橋於昭和十七（民國三十一年，西元一九四二年）年完工，因為是通往神社所在地，所以就被稱作「神橋」。前幾年，這座橋被重建，不知道是受限於經費，還是原始石材取得不易，新橋雖然企圖「復刻」原本模樣，但是卻採用自國外進口的花崗岩，讓這座神橋一點都「神氣」不起來。

岩洞、水簾、梵音

要到達隱身在山林間的水簾橋，可以先參訪「獅頭山風景區」的遊客中心。成立於民國九十年七月的這個遊客中心，前身是已經廢校的「獅山國小」，教室被改成辦公室與展覽室，而當年的教師宿舍，則是變身為具備販賣部與餐廳功能的歇心樓，藉由園區的巧妙規劃，可以感受到客家文化特有的古樸氛圍。從遊客中心，循著水濂步道的指標前行，就可以找到這座單拱糯米古橋。

事實上遊客中心附近就有多條各具特色的步道，而水濂步道是其中風景最為秀麗，但走來最為輕鬆者。這條步道經過整修，沿路幾乎都是木製棧道，且高低落差不大，加上步道係沿著藤坪溪而建，參天的大樹、雄偉的山壁與秀麗的小溪，讓人宛如置

水簾橋跨越藤坪溪，其河谷壺穴宛如天然的魚池。

身世外桃源。

水濂步道之所以得名，乃是步道途中會經過一稱作「水濂洞」的天然岩洞。這個岩洞洞頂凸出數丈，是獅頭山風景區最大的岩洞，洞內有一建於清光緒年間的佛寺。洞頂的山泉順勢滴流而下，形成一排水濂，其景象猶如下雨天時，傳統寺廟主殿屋頂上的水滴瓦所營造的水幕，一顆顆晶瑩的水滴所串成的珠簾，令人忘我。而洞前有又稱石子溪的藤坪溪流過，淙淙水聲與雨滴聲如梵音不絕，故該寺又稱梵音寺。

水簾橋跨越藤坪溪，其河谷屬於幼年的地層，由於地殼抬升與水力侵蝕下切的交互作用，雕琢了藤坪溪匯入到六寮溪處附近河段，形成秀麗的峽谷景觀。而藤坪溪河床歷經千百年來水流的沖刷切割，展現了許多幼年河谷特殊地形，包含壺穴、凹壁等，是觀察河流侵蝕的好地點。有些壺穴宛如天然的水池，吸引了許多馬口魚、石斑魚魚群停留，儼然一處欣賞溪流魚類生態的最佳水族館。

水濂步道是一環形步道，因此若是從水濂洞停車場的入口進入，那麼將可以讓將近百年歷史的水簾橋，為這趟兼具自然生態與歷史人文的行程劃下句點。

橋上的超時空邂逅

沿著水濂步道下到河谷底部，自溪澗往上看，有一渾然天成的「一線天」峽谷，仔細看峽谷的頂端被樹叢掩蓋而不甚清楚的一座石橋，就是水簾橋。建於日治大正七年（民國七年，西元一九一八年），距今已近百年的水簾橋，是一座單拱的小型石橋，橋長約七公尺，寬約兩公尺，但在以提供人行為主的年代，算上一座「大橋」，是早年獅山道路，也

石匠精巧的用心與手藝，在橋面的欄杆與柱頭展露無疑。

就是新竹四十一縣道尚未開闢前，北埔、峨眉、南庄居民來往必經的橋梁。

這座石橋的橋拱兩端，也就是所謂的橋臺，剛好就分別奠基在峽谷的兩個頂點，之所以選擇此處建橋，筆者猜測應該是由於大正年間建築工程的執行尚多屬人工，並不像現在使用大型機具，加上該處位處山區交通不便，因而藤坪溪河谷最狹窄之處，便成了最佳的築橋地點，就地取自周遭的砂岩是最佳的天然建材，而以糯米為主要材料的黏著劑，則是水簾橋能屹立其上的重要法寶。

橋面的欄杆造型古樸，兩側各由四根長方形石柱所構成，然而在規律之中，細心打量柱頭，可以發現石匠精巧的用心與手藝。望柱的柱頭是以四個正三角斜面構成，而以尖頭收尾，整體看起來就像一枝石筆。中間的兩根石柱的柱頭為圓形帶點尖尾，乍看之下，很像日本式建築中所謂的「擬寶珠」。但是實際上，柱頭的婉約線條，構成含苞待放的荷花造型，其紋理柔美，將荷花飽滿的花苞與水滴形的花瓣做了栩栩如生的刻劃。

由於缺乏相關的文獻與資料，因此未能知道柱頭採取荷花造型的原因。然而筆者推測，這很有可能與水簾橋身處獅頭山——臺灣最富佛教歷史光澤的聖地有關。根據相關的文獻指出，獅頭山的開發是遲至嘉慶以後的事，一直到光緒年間，臺灣巡撫劉銘傳在北部山區的樟腦專賣計畫，南庄、峨嵋地區才開始吸引大批大陸移民聚集，從事樟腦的提煉。

獅頭山一帶在劉銘傳主政期間變成一塊清淨之地，到了光緒二十一年（西元一八九五年）桃園人邱大公發現獅巖洞，開始在此集資興建佛寺，成為獅頭山佛教聖地開山的第一人。而勸化堂與元光寺（獅巖洞）均是創建於清代的古剎，二、三百年來，獅頭山已經成為臺灣重要的佛教聖地。建橋的設計者與工匠，可能是受到週遭莊嚴的佛門氣息所感染，欲藉那出淤泥而不染的荷花，與山間的靈氣相呼應。

至於橋的鋪面是運用有利於打造成長形石板的砂岩，寬兩公尺的橋面是由五個單位的長條形砂岩所組成，而每個單位又由數塊砂岩所接續而成。這種以岩石石板鋪成橋面的作法，可遠溯自清代，其中最為著名的要算是位於新北市三芝大屯溪古道上的三板橋。

水簾橋石板在經年累月的行走與風雨的琢磨，有著明顯下凹的磨痕，正是歲月的最佳刻印，多少前人挑著上百斤的重擔日夜往來，才留下這深刻的見證與足跡。在今天許多古橋的鋪面被不當的鋪上水泥或是柏油，這樣的石板，更加顯得難能可貴。當我們也走過那近百年的石板，發出窸窸窣窣的聲響，也同時在進行一場跨越時空的邂逅。

原汁原味的古橋

水簾橋優美的石拱，搭配周遭清麗的山水與翠綠的林相，真是像極了一幅山水畫。更特別的是今天在臺灣要找到這樣一座原汁原味的古橋實屬不易，因為她躲過了經濟成長與現代化的洪流，同時還得隱身在偏僻的角落，不容易被好事者因其老舊所造成的落後印象，而遭拆除或改建。

如果你也像我一樣，希望視線中的畫面回到百年前的時空，希望看到一座原汁原味的古橋，那麼藏身在獅頭山遊客中心附近的水簾橋，應該可以滿足你這個願望。

水簾橋 小檔案

名稱	水簾橋	跨越溪流	藤坪溪
竣工時間	日治大正七年（民國七年，西元一九一八年）	主要建材	砂岩（以糯米漿為黏合材料）
所在位置	新竹縣峨嵋鄉	周邊景物	獅頭山、南庄
備註	橋長約七公尺，寬約兩公尺		

戍守客家聚落的 金門橋

不在金門的「金門」橋

當我們提到「金門」兩字，應該會連接臺灣海峽那「固若金湯、雄鎮海門」之勢的「金門」島。如果我們再想到「金門橋」，那一定又會想起美國那座跨越舊金山灣的宏偉橋梁。而臺中市東勢區下城里，也有一座稱作「金門橋」的糯米橋，名稱也透露一股雄偉氣勢，但橋體卻小巧玲瓏。

金門橋的親和之美

金門橋橫跨東勢本圳，這條人工開鑿的圳溝自大甲溪引水，灌溉了東勢貽福里以北的地區，許多東勢有名的農作，諸如水梨、椪柑、葡萄……等都是接受東勢本圳的滋養。根據相關文獻，舊名揀東上堡的東勢鎮於嘉慶四年（西元一七九九年）就開鑿了東勢本圳，在大甲溪大茅埔處引大甲溪水，由謝斯庚、林時猷與朱孝等合築。

金門橋長僅約三．一公尺，橋寬約二．三公尺，有可能是臺灣現存糯米橋中最為迷你可愛者。橋頭石柱鐫刻「昭和十六年（民國三十年，西元一九四一年）

橫跨在東勢本圳的金門橋。

竣工」，時值民國三十年二次世界大戰期間。戰時因為各項建設物資缺乏，居民乃以煮熟的糯米及石灰加上黑糖作為黏劑，將經過切鑿整齊的石塊與石板加以黏合。

兩側各有尖頭收尾的橋柱四根，頭尾兩根較高，中間兩根較矮，形成規律的對稱之美。橋面則是以長形石板鋪成，部分石板尚清楚可辨，但部分已被鋪上水泥。行至側方，橋面下十數顆梯形石塊所勾勒出的虹形曲線，宛如神來一筆，當你遠望橫跨在圳溝之上的金門橋與水中的倒影，其身形甚是優美。整座橋久經歲月洗禮，石塊與石板或風化或長出青苔，令人行在

金門橋的望柱鐫刻完工的時間。

金門橋旁的洗衣場，建構充滿人情味的場景。

其上時，不覺散發思古之幽情。

值得一提的是，沿橋一端的石板下到橋下圳溝，河岸處被整平與舖上水泥，成為洗衣場，而且還設想週到的搭了遮雨棚。想像每日清晨，村中婦女此起彼落的擣衣聲、不絕於耳的談笑聲，以及淙淙的流水聲，應該是金門橋最富生命力的交響樂章。如果我是畫家，應該會想從半圓形橋拱框住這畫面，那想必是下城里最生氣盎然的場景。

那段肅殺的歷史

一般而言，橋名的由來，大多有地緣性的因素，有的是因為鄰近某個地區，有的是直接以其跨越的河流而稱之。但是這樣的邏輯似乎無法套用在金門橋。經筆者多方詢問，最後由當地耄老張老師協助掀開了謎底。

事實上，金門橋所在的下城里，是個富有歷史的小聚落，筆者初到此地時，就感受到一種陶淵明筆下桃花源的意象。聚落內是猶如羊腸的狹窄巷弄，目前還存有好幾座富有客家韻味的夥房。然而現今安靜祥和的小村落，卻有著一段充滿肅殺氣氛的過去，而且和金門橋名稱由來與功用有著密切的聯結。

而這段歷史可由鄰近金門橋一名為「月恆」的隘門開始談起。「月恆」門在九二一地震雖有震損，但今已依原狀修復保存，門上有內寬外窄的防衛用鎗孔。事實上，下城里的東邊原本還有一座稱為「日昇」的隘門，在幾年前則因街道拓寬而遭到拆除。曾經此東、西門樓雄偉屹立，守護下城里一百四十餘年，成為獨樹一幟的景觀。

根據東勢鎮志開闢志一章中的記載，下城里的開發可遠溯自嘉慶十三年。道光三年（西元一八二三年）陳吉昌、胡阿滿等人倡議開發下城庄，乃向柏打竿番社（今新盛里）頭目馬六竿加六希租讓出荒埔石地處，以石牆及種竹為界，進行墾殖。經三年

東勢下城的「金門」橋是指位在西方入口的意思。

墾成，開庄起於清道光五年，號「和興庄」。

同治年間，中部地區發生「戴萬生之亂」，和興庄民成立義民會支持官方，派兵丁外出參戰，因此成為戴萬生亂黨的攻擊對象。自驅逐亂黨後，和興庄民為防外犯，即在庄內建立東西兩道隘門，並奠定了和興庄安定繁榮的基礎。即便到了日治時期，當地仍舊不甚平靜，時有與原住民產生糾紛，或遭受盜匪攻擊。因此歷來在建築上如何保護庄內安全與人員進出的管制，乃成為首要的考量。

戍守西方的金門橋

金門橋因位於下城里的西邊，在中國五行、天干與方位表示上，東以「甲乙木」；南以「丙丁火」；中以「戊己土」；西以「庚辛金」；北以「壬癸水」分別表示之。因此「金」乃有代表西方之意涵，而「門」則具有出入口之象徵。而為了保護和興庄里民的安全，除了庄界四週種植刺竹，藉由金門橋作為管制與了解進出下城里的人員。若是有外人從橋上經過，便可以立即發現。

然而，金門橋跨越的東勢本圳，除了灌溉之外，蜿蜒流過下城里西方，早期下城里先民到此開墾時，該河也兼具護城河的功用。這樣的情況在鄰近舊稱大茅埔庄的慶東里也有類似的情況。

當我們把曲折巷弄、隘門、槍孔、護城河、管制出入的橋梁等建築元素加以拼湊，顯示下城聚落在清朝開發之初，因為位處於平地與山區的交界，不同族群間為了生存的資源或地盤，其所發生的械鬥與搶奪之激烈。金門橋代表著扼守西方出入的命名法，叫人感受了前人的智慧與飽讀詩書，而「金門」兩字也透露了下城里的重要發展歷史。

名為「月恒」的隘門，戍守下城聚落的安全。

古橋、餘暉、茶香

如今，時空與環境的改變，緊張、對峙的氛圍早已遠去，小巧古樸的金門橋依然堅守她的崗位。村民走過金門橋跨過潺潺水流的東勢本圳，就好像和老朋友、老鄰居打招呼一般，熟悉而沒有距離。

在某次的造訪中，一位年約五十歲左右的婦女正好路過，我試著問她「金門橋名稱的由來」，她笑著說她是嫁過來這邊的媳婦，所以可能要問長期世居此地的人，之後她更補上一句「是嗎？哪裡有寫金門橋？」對照著我這汲汲營營的探訪者，婦人的靦腆與單純，更顯得她對這座橋的信任，不需要知道其姓名與來歷，只相信她的可靠與提供的服務。

而像我這樣的遊客，則憧憬在夏日的傍晚，坐在橋上喝杯烏龍茶。啊！古橋、餘暉、清茶中，遙想那段物質生活不甚豐富，但心靈卻高度滿足的日子。

（原文刊載於歷史月刊「二五一期」，本文經過補充與修改。）

金門橋 小檔案

名稱	金門橋	跨越溪流	東勢本圳
竣工時間	日治昭和十六年（民國三十年，西元一九四一年）	主要建材	石材（以糯米漿為黏合材料）
所在位置	臺中市東勢區下城里	周邊景物	月恒門、東勢林場、大茅埔
備註	橋長約三・一公尺，橋寬二・三公尺		

三、紅橋雅稱的磚橋

如今在一些鄉下的聚落，還會看到一些用紅磚建造的三合院，甚至偶爾在現代化城市老社區的一個轉角，不經意看到一道頹敗的矮磚牆，牆角冒出數株綠色的植物，磚面上也蔓生了幾許墨綠色的青苔，是營造光陰故事不可或缺的元素。

紅磚建築在日治前半期曾經流行一時，不少官方建築都用紅磚為建材，建構甚為典雅的建築物。至於磚造的橋梁所剩不多，其赭紅的顏色散發歲月的光澤，更因被雅稱為「紅橋」，增添了幾分詩意。

‖ 桃園縣龍潭鄉的大平橋，是一座五拱的大型磚橋。由於作工精細、線條流暢、色澤優美，所以村民賦予她「紅橋」的美稱。

‖ 桃園縣大溪鎮的濟安橋，是一種被戲稱為「翹龜橋」的紅磚橋。曾見於清代文獻之中，能夠見到這樣的復刻版橋梁，著實令人雀躍。

大平橋

紅磚印象

像筆者這樣的五年級生，對於紅磚這樣的建材，應該都有一定程度的熟悉。猶記兒時的家，就是以紅磚建成；和同伴在玩遊戲時，常常會拿紅磚碎塊在地上畫圖，甚至把碎塊磨成粉狀，充當扮家家酒的材料；到了國小或國中之際，則常在路邊不經意看到建築工地堆了許許多多的紅磚。

其實紅磚在日治時期曾經有過一段風光歲月，特別日治前半期在臺灣大行其道。受到英人康德的影響，培育出日本所謂的第一代建築家，像是辰野金吾等人，在臺灣設計出涵括歐洲各時期風格特色的磚造建築，應用於許多官方廳舍與公共建物。臺灣民間的民宅也曾大量使用紅磚，特別是歷經戰後，一直到民國七十年代，紅磚一度是臺灣一般民房非常重要的建材。

至於桃園縣龍潭鄉的大平橋，則是一座用紅磚蓋的古橋，更是目前臺灣少見的磚砌橋梁。當地居民因為其赭紅的色澤，給予她「紅橋」的美稱。大平紅橋和橋頭的老樹、舊石碑，訴說磚造建築曾經的風華，更

紅磚砌成的大平橋，在當地人口中都稱為大平紅橋。

是構築了昔時幽幽歲月的舞臺。

磚橋博館在桃園

一般來說，臺灣現在名氣最響亮的紅磚古橋，應該是位在苗栗縱貫線鐵路舊山線的魚藤坪斷橋。這座被譽為臺灣鐵道橋梁極品的建築，雖然毀於日治昭和十年（民國二十四年，西元一九三五年）的墩仔腳大地震，但如今看來仍舊兼具雄偉氣勢與柔美氣質。不過也因為這樣，似乎掩蓋了其他同樣也煥發赭紅歲月光澤的古磚橋。

就筆者所知，臺灣目前還能看見完整的紅磚古橋，除了魚藤坪斷橋之外，就只有桃園一地。除了本文的主角以外，平鎮市的鎮南橋、伯公潭橋、大溪的太平橋與濟安橋，因此稱桃園為古磚橋的故鄉，似乎一點也不為過。

紅磚建築與紅磚橋在臺灣的起源，可以遠溯到荷蘭與明鄭時期，但磚造建築在清朝卻不受重視，所以清朝的磚橋也不多。根據續修臺灣縣志橋渡一節的記載，在為數不少的橋梁中，僅當時臺南府城內的東安坊德慶橋；西定坊福安橋、太平橋；城外近郊則有鯽魚潭橋是磚砌橋梁。

到了日治前半期，磚造建築卻在臺灣大行其道，

大溪打鐵寮古道起點處的太平橋，也是一座磚造橋梁，但只剩下一紅磚拱圈。

一部份與當時建築師受到康德的影響有關，部份也歸因日本成功將新式的燒磚技術引進臺灣。至於磚橋，和磚造建築一樣，進入日治後半期的昭和年間，因為日本本國的關東大地震以及臺灣中部的墩仔腳大地震之故，致使磚造建築式微。特別是前述提到的五座磚橋，幾乎都是完工於大正年間，因而可以得到間接的證實。

此外，當我們翻開桃園縣的地圖，會更驚訝於五座磚橋竟然集中在龍潭、大溪與平鎮這三個緊鄰的鄉鎮，而這有可能是日治時期因為建設石門大圳，帶動了三坑子的磚窯產業，而製磚所需的黏土，即取自四周的水田。至於建橋所需的紅磚，多半是出自於附近的目仔窯燒製出來的，這種目仔窯在日治時期傳入臺灣，一直到民國四十年代還頗為流行。

紅橋飛跨水當中

臺灣不少以紅磚堆疊而成的建物，因為其美麗的色澤，而被稱為「紅樓」，例如臺北市日治時期的西門市場就是很著名的例子。至於大平橋因為以紅磚為建材，因此許多人稱之為大平紅橋，甚至就簡稱為「紅橋」，而令人有更多遐想。

其實，在華人的文學作品中，稱橋為「紅橋」者

橫跨大坪蔗廍坑溪（清水溪）兩岸，大平紅橋橫躺在翠綠的溪谷中。

不少。清初身兼著名的文學家與官員的王世禎，就曾寫過一首以紅橋為主題的詩——「紅橋飛跨水當中，一字欄杆九曲紅，日午畫舫橋下過，衣香人影太匆匆」。這座橋在揚州，王世禎於順治十七年起在揚州任官五年，期間曾將當地「紅橋」重新修葺。紅橋原為木造，因為兩側有紅色的木欄杆，所以因而得名。

紅橋橫跨瘦西湖，王世禎乘小船賞遊旖旎山光水色之際，不免多愁善感，因而寫下「紅橋遊記」一文。「……拿小艇，循河西北行，林木盡處，有橋宛然，如垂虹下飲於澗；又如麗人靚妝袨服，流照明鏡中，所謂紅橋也……」彼時紅橋已被改建為拱橋，遠看就像一道彩虹映在水面之上，因此被比喻為佳人攬鏡自照。也因為紅橋所營造的美景，所以有謂「揚州好，第一是紅橋」。

大平紅橋固然沒有揚州紅橋的灌耳名聲，但是卻有一份難得的樸拙怡然之美。從遠處看這座五拱的古橋，橋面下是五道比例完美的拱圈，每個拱圈是三條紅磚砌成的弧線。走近一些，橫向排列的紅磚，與灰色的橫、直、弧形幾何線條，在紅色的畫布上構成一幅「後現代」的藝術創作。

被稱為「山花牆墩褲襠口（左右兩拱圈交接之

船首狀的橋墩基座，配上兩側拱圈向上的弧線，宛若一隻展翅飛翔的大雁。

大平橋碑體保存尚稱良好，但是字跡已經模糊難辨。

處）」，與拱圈的砌磚表面非常平整，稱得上「天衣無縫」，讓人不禁讚嘆，在科技不發達的當時，設計者與施工者的一絲不苟。從迎水的這一面欣賞紅橋，會發現橋墩基座修砌成船首的形狀，配上兩側拱圈向上的弧線，宛若一隻展翅飛翔的大雁，無怪乎在傳統工法中，被稱為「分水金剛雁翅」，真是非常傳神。

橋面上沒有望柱，只有同樣是磚塊堆疊而成的低矮欄杆。然而或許也因為沒有華麗的裝飾，讓紅橋更顯素樸。猶如一道傳統的料理，沒有精美的擺盤，也沒有高雅的餐具襯托，卻是以道地的食材和精心的烹調，讓人更能品嘗到食物的原味，感受廚師的真實功夫。無怪乎大平紅橋曾經在全國歷史一百大建築票選中，名列第六十五名。

磚造砥柱費金頗多

「磚造中流砥柱，費金頗多」是日治時期中部著名的文人與士紳張麗俊，在其《水竹居主人日記》中的一段記載。就算在科技發達的今日，要造一座橋其實都不是一件簡單的事，更何況是八、九十幾年前，因為除了技術問題，還要面臨拮据的經費。日治前期磚塊雖然是普遍被運用的建材，但價格卻不便宜。我們可以藉由看張麗俊的《水竹居主人日記》中一段相關敘述，藉以瞭解日治時期民間建造一座橋梁的背景。

張麗俊是臺中豐原人，其《水竹居主人日記》目前已成為研究日治時期相關活動的重要史料。明治四十四年（西元一九一一年）八月二十七日一場暴風雨造成「滿天濃黑、遍地汪洋，烈風猛雨、竹木摧折……但見溪流氾濫」，造成住家附近一座南墩橋被沖毀。張麗俊欲修通這座橋梁，他在日記中寫道：「蓋南通墩板橋三處俱被前日之風雨損壞，上下兩處連橋柱亦被流失，故欲將磚造中流砥柱，費金頗多，欲仍用木柱，又恐不永久，因尚在斟酌中」。

儘管張麗俊這篇日記是寫於明治年間，但可見當時造一座磚橋，所需的費用應該非同小可。兩相對照之下，大平紅橋更因為是一座五拱的大型磚橋，其所需的經費想必更加龐大。如今在靠近大坪一側橋頭有一座石碑，原本可從石碑上瞭解建橋時的背景與始末，只可惜字跡已經非常模糊。

這座碑的碑體倒是頗為特別，碑體是常見的圭形石碑——碑首上端的兩個直角被削去，但是兩側卻各加了一根蓮花柱頭的長方形石柱，大概還可以推測出記載當時捐款的情形。不過根據其他的文獻得知，除了當地居民的捐款，還有大平庄役場（現今的鄉公所）補助金與日本人的捐贈資助。

大平紅橋自大正十一年（民國十一年，西元一九二二年）十一月十一日動工，歷經三個月的施作，於隔年的二月十二日完工，並在當天舉行啟用典禮。大平紅橋東接大坪村，西鄰三坑村，是兩地之間的往來橋梁，更是大坪村民挑貨去三坑子出售的交通孔道，因此其正式落成啟用，是地方的大事。根據大正十二年（民國十二年，西元一九二三年）二月十九日的日日新報第五版報導，當天的竣工典禮，許多地方的官員與士紳都到場參與這場盛典，包含了大溪郡庶務課長、龍潭庄長、警部補與公學校長等。

老樹古橋與舊碑

大平紅橋的位置有點隱密，筆者初次前來費了一些功夫，但是當親眼目睹她的優美身影，就覺得花那一點小小的時間代價實在不算什麼，尤其是她和橋頭的老樹、舊碑，建構了一幅帶點滄桑的畫面，不僅讓人想起元朝的馬致遠，他那段不少人朗朗上口的詞句——「枯藤老樹昏鴉」。

大平紅橋周遭的「老樹古橋與舊碑」，和「枯藤老

老樹・古橋・舊碑所營造的天地幽幽的氛圍。

樹昏鴉」竟然有著異曲同工之妙，都營造了一方幽幽天地。不過相較於馬致遠筆下的遊子，因為思念故鄉與家人而愁腸，大坪一帶的旅人則顯得比較幸運。因為他們在魂縈夢牽之際，逃過天災考驗和人為摧殘的大平紅橋，讓他們始終有個心靈的安靜角落。對於一般的人，大平紅橋也為他們保留了悠悠的紅磚印象。

大平紅橋 小檔案

名稱	大平紅橋	跨越溪流	蔗廍坑溪（清水溪）
竣工時間	日治大正十二年（民國十二年，西元一九二三年）	主要建材	紅磚
所在位置	桃園縣龍潭鄉的大坪村	周邊景物	三坑仔老街、石門水庫
備註	一、全國歷史一百大建築票選第六十五名。 二、桃園縣歷史建築。		

清代駝龜橋再現　濟安橋

復刻版的駝龜橋

「復刻」是時下頗為流行的用語，尤其是在時尚的領域。不可否認的，生產者藉由復刻向過去的經典商品致意，至於消費者或多或少因為廠商營造回到往昔的美好而掏出鈔票。「復刻」是手法也好，現象也罷，之所以能夠大行其道，似乎都顯現了人們從傳統、記憶的追尋中，能夠得到某種程度的精神旨趣與心靈滿足。

根據文獻記載，清乾隆三十年（西元一七六五年）時，臺灣知府蔣允焄在臺南建造了四座磚拱橋，「其形遠望如龜背彎曲」，所以又稱駝龜橋。清代這四座有可能是臺灣橋梁原型之一者，早已不復見，只能從文獻上留下的隻字片語，推測是一種用紅磚砌成的半圓形拱橋。

然而很幸運的，如今我們竟可以在桃園縣大溪鎮打鐵寮古道起點處，看到這種已經消失兩百多年所謂的「駝龜橋」，用當下的流行詞彙來說，不啻為一種清代經典橋梁的復刻版，而且她有一個賦予過往旅人平安意義的名稱——濟安橋。

大溪打鐵寮古道起點處的濟安橋，是兩百多年前「駝龜橋」的復刻版。

走古道、過古橋

臺灣近幾年由於重視在地歷史文化與觀光的結合，許多對前人而言是為了滿足基本生活所需的古道，蛻變為現代人健行或登山的休閒娛樂步道。不少古道保留得不錯，如果路上的古橋也能倖存，那麼就讓人走來不覺「古意盎然」，更有一種置身過去的時空倒錯。

濟安橋位於大溪鎮打鐵寮古道起點不遠處，根據大溪鎮誌的記載，打鐵寮古道位於大溪三層附近，由於附近群山環繞，古道是過去大溪與復興，甚至是巴陵之間往來的唯一聯絡道路，但是建造年間已經不詳，不過最慢應該就是日治大正晚期。而據傳，當時古道上有一戶專門打鐵的人家，其所打造的鐵製農具品質優良，過往行人在回程途中，順道在此購買農用或打獵所需之鐵器。時間一久，這條山徑就被稱作「打鐵寮古道」。

非常著名的大溪老街舊名大嵙崁，早年是大漢溪流域最上游的港口，鄰近地區的農產品、貨物，都是以此作為集散地。「打鐵寮古道」就是百年前，大溪老街通往三峽、復興的重要孔道。大溪、復興山區的新峰、三民漢人及泰雅族，藉由這條古道擔著蕃薯、芋頭等農作及獵物，翻山越嶺到大溪街販售。

其實大溪一帶古道與登山步道不少，自清朝到日治時期開闢的古道就有八、九條。打鐵寮古道卻因地處於大溪慈湖陵寢的範圍內，長期受到軍事管制而不對外開放。一直到近幾年政治氛圍鬆動，慈湖一帶不再肅殺森嚴，打鐵寮古道也褪去神祕面紗。只是所謂的「因禍得福」，或許正因為長年的對外封閉，使得打鐵寮古道得到接近原貌的保存。

打鐵寮古道上前人背負這重擔在石頭上留下的痕跡。

如今我們走在這條步道上抬頭仰望，天空被濃綠的低海拔樹林所掩蔽，身旁盡是蟲鳴鳥叫，腳上所踩踏的仍是與古人同樣的石頭。這些就地取材的石頭，鋪成一階階的山徑，特別是先人走這條路時，肩上挑著上百斤的貨物，沉重腳步經年累月的來來回回，在石頭上清楚下凹的磨痕，記錄他們為生計打拼的認真，為生命付出的執著。

步道沿線有三座狀況良好的古橋，其中之一就是本文的主角——「濟安橋」，另外還有太平橋與東興橋。從起點處行來一小段後，先遇到太平橋，接著是濟安橋。隨步道拾級而上，在進入白石山前廢棄的崗哨處，即有一條叉路可至東興橋。東興橋是石砌的橋梁，也就是一般俗稱的糯米橋，這種橋在臺灣所剩不多，但是有心者只要在臺灣的北部山區尋找，還不難看見。倒是磚砌的太平橋與濟安橋因為數量更少，因此更顯珍貴。

但是「打鐵寮古道」上的濟安橋，絕對是碩果僅存的紅磚「駝龜橋」。當時三層一代的居民，在興建濟安橋時，究竟純粹是因為工法的限制，還是有意重現過去的經典建築，現在已經很難考證。只是不管如何，讓人不禁慶幸還有濟安橋，否則只能在古文獻中憑弔與揣想那些美麗的駝龜

龍潭的大平橋是五拱的美麗磚橋。

橋是什麼樣貌。

石碣透露的秘密

在臺灣這個河流發達之處，三、四百年來「建橋」是解決交通問題的重要關鍵，至於「造橋鋪路」在華人的傳統中，是官員最易彰顯的政績，是富人最被稱道的一種懿行。相較於官員的政績會在史冊上留下紀錄，地方富人或士紳捐款造橋的善行，常常會在橋頭處看到立碑記事。

太平橋與濟安橋跨越的草嶺溪，自古以來頻傳水患，造成往來古道行旅者的不便，所以此地村民便於日治時期大正十五年（民國十五年）集資建橋，此次集資總共興建太平、濟安兩座橋梁，完工後立有一座名為「太平濟安二橋」的半圓形石碣。

所謂方者為碑，圓者為碣，多數的建橋紀念碑都是方形，「太平濟安二橋」圓形石碣和現今紅磚橋一樣少見。石碣在古道入口不遠處的左側竹林碑身和基座，分別以當地的河床砂岩和草嶺石所建，碑文主要提及建橋緣由及樂捐者姓名，告訴我們這座橋所需經費是由當地人們共同捐款的嘉舉。因為年代久遠，石碣上的字跡斑駁難以辨認，較為清楚可辨者是建橋的年代為大正十五年，還有其中一對捐款人應該是江姓的兄弟，分別捐款一百圓與九十圓，也是金額最高的兩位。

根據日治時期日本官方出版的日日新報所查到的資料，大正十五年時蓋一棟三層樓的房子要價約一萬五千圓，而一百斤的白蘿蔔不過二點五圓。由於欠缺相關資料，難以得知捐款人的背景，但這種小型橋梁的捐款者，多數是本地住戶，在這樣偏僻山區，能捐出一百元的居民，應該稱得上是「慷慨解囊」。

不過倒是聽聞古道起點處經營私人停車收費的老太太提起，幾年前曾經有一位遊客，其探訪打鐵寮古道的目的不是登山，而是到此「尋根」。原來這位遊客的先人過去居住在三層一帶，在建橋募款的時候，先人用他的名義捐錢。後來他們全家遷居外地，聽聞先人提及此事後，特地重回舊日故鄉，並到石碣上尋找他的名字。

這位返鄉的遊子後來到底有沒有在石碣上找到答案，已經不可得知，但是以石碣今日風化嚴重的情況，失望的比率恐怕較高。只是我猜想他的心中應該還是充滿感謝與悸動——感謝讓他有機會重遊兒時出生之地，體會臨近故鄉的情怯。

渡濟平安寓意遠

竣工於八十幾年前的濟安橋，仍舊處於科技不甚發達，交通不方便的年代，尤其是在這樣偏僻的山林裡，渡河或過橋都不是一件容易的事，人們就會起個期望平安、順利的橋名，因此橋名寓含了「渡濟平安」的祈願，也算是為過往商旅祈求與祝福，同時也更加顯示了人們對大自然的敬畏。

太平橋與濟安橋都是紅磚砌成的橋梁，紅磚因為其材料的特性，運用於橋梁時，必須砌成拱形的橋孔。只是太平橋後來曾經遭洪水沖毀橋墩，因此三個拱圈中，只剩下一個拱圈是原來紅磚所砌成，其餘都改成鋼筋水泥，至於濟安橋則仍然保持原始拱圈的樣貌。

濟安橋頭、橋尾各有兩根望柱，望柱的頂端造型非常講究，是以菱形與正三角形所構成，仔細一數共有六個菱形與八個正三角形，合計十四面，其線條與比例猶如一顆經過精密計算與精細切割的鑽石。如果扣掉連接橋頭的一面，則應該是十三面，印象中曾經看過有人為文指出，華人傳統中「福祿壽」三字都是十三劃，果真如此，

「太平濟安二橋」圓形石碣。

那更得佩服前人的用心，不只橋名昭示祈求平安，更運用了隱含祝禱的建築語彙。

濟安橋是一單拱的紅磚橋，與現存許多古橋較不同者，是該橋有拱形的彎曲橋面，所以走起來先上再下，別有一番特殊趣味，也因為其造型有如龜背，所以也被暱稱為「翹龜橋」。橋上的護欄不高，也是由紅磚整齊的堆疊而成。從側面望

去，數條由紅磚所構成的曲線，猶如一道彩虹，讓原本剛硬的橋體，蘊含了柔順之美。

佇立橋上，想像著古人為了實實在在的生活打拼，行過這座名為「濟安」之橋，心中應該多了一份踏實的感覺；現在的人們是基於休閒旅遊，漫步這座美麗的虹橋，卻為旅行增添一種回到舊日的浪漫。

復刻歷史圖像與悠然天地

幾次走打鐵寮古道，總喜愛在回程的時候，坐在卵石鋪面的起點處。從這個地方往前看，最近之處是卵石鋪成的階梯，再往前則是蜿蜒的石板路面，而視線的盡頭則是通往公路的斜向濟安橋，他們共同譜成一「S」形的柔美曲線。至於左側是與路面平行的清澈小溪，右方有樹影下成排的月桃。

清風徐徐吹拂，帶來紅嘴黑鵯、五色鳥的鳴唱，忽然驚覺，濟安橋不只再製一座清代的建物，也復刻了幾乎是全無現代工業文明的周遭，綠意盎然的自然生態與斑駁歲月的歷史古蹟，在這裡做了巧妙的融合，有一種讓人全然的放鬆。只是儘管想要做更多的停留，但終將回到現實。起身走過卵石階梯與石板路面，以及一上一下的橋面，準備揮別此一方幽靜天地，回到喧囂的紅塵。再次回首，濟安橋那一道柔美的曲線，在心中留下一方寧靜的天地。

濟安橋的望柱頂端造型仿若切割精細的鑽石。

數條由紅磚所構成的曲線，型塑了如同一道彩虹的濟安橋。

濟安橋再製一座清代建物，也復刻了幾乎是全無現代工業文明的周遭。

濟安橋 小檔案

項目	內容	項目	內容
名稱	濟安橋	跨越溪流	草嶺溪
竣工時間	日治大正十五年（民國十五年，西元一九二六年）	主要建材	紅磚
所在位置	桃園縣大溪鎮打鐵寮古道起點處	周邊景物	慈湖、大平紅橋、大溪老街、三坑仔老街
備註			

四、

結合工程與藝術的傑作

鐵道花梁鋼橋

大約在十五、六年前，搭乘西部縱貫線火車時，還有機會經過沿線的花梁鋼橋。當火車行使其上，總是會發出巨大的聲響，而窗戶外的鋼梁像是一座座小山不斷後退，那應該是許多人搭火車時印象深刻的一幕。

花梁鋼橋的正式名稱，應該是稱作「桁架橋」。這種橋梁在日治時期甫完工的縱貫線鐵道，曾經獨領風騷，更是縱貫線鐵道能夠通車的重要功臣之一，因為依賴這種桁架橋，才有辦法架通臺灣西部的幾條大河的兩岸。

|| 大安溪鐵橋是舊山線鐵道上一座壯觀的桁架橋梁，歷經五年才得以大功告成，不僅是縱貫線鐵道通車的關鍵，也曾是舊山線進行曲的要角。

|| 下淡水溪鐵橋完工之際，曾經擁有亞洲第一長橋的美譽，不僅一度促使阿緱製糖工廠的精糖能有效能的運返日本，後來更成為昔日屏東遊子返鄉的標記。

大安溪鐵橋

橋梁、山洞、舊山線

猶記兒時搭乘火車北上時，火車經過豐原以後，窗外的景物從灰暗的建築物與街道，開始更換成綠野平疇，然後是蓊鬱的山丘，或是驚險的溪谷；忽而是轟隆轟隆的鐵橋，忽而鑽進長長的山洞，在小小心靈中烙下一種很特殊的印記。

這段北起三義南到豐原的鐵道，歷經幾度的波折，如今被習慣稱之為舊山線，沿線的丘陵與河流，是構成絕美景色的基礎條件，但是卻也成為施工最為艱難的阻礙，所以沿路盡是綿長的山洞與壯闊的橋梁。

日治時期的縱貫線鐵路沿線有為數不少的桁架橋梁，其中最為有名的應該就是下淡水溪鐵橋，然而，卻只有在臺中市同時擁有兩座鐵製桁架橋，那就是大甲溪鐵橋與大安溪鐵橋。當年火車在大安溪鐵橋疾駛而過時，忽而「哐噹」、忽而「轟隆」的聲響，彷彿是一首舊山線所獨有的進行曲。

縱貫鐵路的關鍵

「舊山線」名稱的由來，可以分成「舊」與「山線」

舊山線八號隧道附近的廢棄鐵軌與綠意仍舊盎然的周遭。

兩個部份，後者是當然也因為這段路線丘陵地形發達，另外的原因是尚有一段海線鐵路。民國七十六年時，臺鐵實施此一路段的鐵軌西移及雙軌化工程，民國七十七年「新」山線完工後，這段鐵路就被稱為「舊」山線。

縱貫線鐵路上的舊山線風景總讓一路搭乘火車的旅客，能夠從單調的窗外景緻中，突然眼睛為之一亮。也是許多鐵道文史工作者，推薦為臺灣西部鐵道沿線最優美與壯麗的景觀，卻也是臺灣鐵路的拓築歷史中，絕對不能略過的一段。

日本佔領統治臺灣後，完成縱貫線鐵路，乃是殖民政府列為開發臺灣經濟資源的首要工作。總督府成立相關的鐵路管理組織，從最早的「臺灣鐵路線區司令部」，一直到明治三十二年（西元一八九九年）設置「鐵道部」，負責籌建全島鐵路，到了明治四十一年（西元一九〇八年）縱貫線鐵路終於全線通車。相較於花費九年時間完成的縱貫鐵路，縱貫鐵路上其他幾座較大型的橋梁，像是大甲溪、大肚溪、濁水溪、曾文溪等橋梁，每座也不過才花費約一年半，大安溪鐵橋竟然整整耗時將近五年才完工。

橫跨在臺中市后里區、苗栗縣三義鄉之間的大安溪上，氣勢磅礴的大安溪鐵橋全長六三七．七九公尺，是全臺第二長的上承式鋼桁架結構橋梁，於明治四十一年（西元一九〇八年）竣工。同時，也因為大安溪鐵橋這項關鍵工程的完工，整個縱貫鐵路在同年才得以全線接通。

這座桁架橋不只是位於縱貫鐵路的樞紐位置，其施工過程更是充滿了挑戰。大安溪因為水流湍急，加上終年水量充沛，因而必須在水底進行基礎工程，使得工程的施工難度更高。當時大安溪鐵橋也肩負「拓荒者」的重擔，

綿長的大安鐵溪橋，構成深遠的歷史場景。

鐵道部讓工程師在此進行各種工法實驗，以便將經驗應用在其他地方橋梁的施工。

大安溪鐵橋最原始的設計是十座桁架，但是一些文獻指出，鐵橋破土之後為了將河床寬度變窄以節約經費，於是在橋梁上游建築一段堤防，調整大安溪南側水流的方向，因而省下南端兩孔鋼梁。然而，臺灣夏季颱風所帶來的豪雨，使得大安溪河流改道，先前修築的堤防也沖毀，鐵橋幾經整修，又變成先前設計的十座桁架。

看似繁複實則規律

舊山線美麗的風景，不只讓乘坐者得到視覺上的滿足，也是新奇的耳朵感官體驗。如果說火車是這場演奏會的主旋律，那麼沿線的山丘、河流不啻是最天然的音樂廳，至於山洞與鐵橋當然是最佳的伴奏。

當火車穿越山洞時，原本的火車鐵輪滾動的「哐噹」一聲響，好像也因為與山洞壁體的碰撞，瞬間變得低沉而雄壯。突然之間就進入了花梁鋼橋，火車摩擦鐵軌的音波，因為下方河谷的共鳴，變得比先前高亢，至於通過一座座桁架時，空氣摩擦瞬間改變時所發出的「轟隆」、「轟隆」巨大聲響，則是進行曲中，最富有節奏的鼓點。

大安溪鐵橋的完工，也是臺灣花梁鋼橋建築的巔峰，除了大安溪鐵橋、大甲溪鐵橋與下淡水溪鐵橋之外，還有大嵙崁溪橋、大甲溪橋、大肚溪橋、濁水溪橋、曾文溪橋、舊西螺大橋等。

桁架橋可分為上路式與下路式，就外觀來看，花梁橋臺位於火車鐵軌之下者，就是下路式；反之即為上路式，而大安溪鐵橋便是屬於上路式桁架橋。就施工的技術與力學的原理來看，所謂的桁架橋是早期橋梁中能夠兼具較長跨距及承載力者，其建築的基本元素是在兩個橋墩中間，架設一組俗稱花梁的鋼製桁架。乍看之下非常繁複的鋼梁，若仔細觀察每座桁架，就會發現是

看似繁複的鋼梁，其實是由左右兩側，各四個相互對稱的三角形鐵架所構成。

由左右兩側，各四個相互對稱的三角形鐵架所構成，進而呈現出規律之美。在力學上，藉由這些上弦構材、下弦構材與斜構材，共同分擔與傳遞橋體與火車的重量。

只是其後隨著材料與技術不斷改良，這種桁架橋開始步出臺灣橋梁建築的舞臺。不僅如此，之後許多桁架橋也被拆解，而改為鋼筋混凝土橋，就連臺灣最長的桁架鐵橋——下淡水溪鐵橋，都曾經差點被臺鐵拆解。

大安溪鐵橋也因為鋼材年久銹蝕，臺鐵曾於民國五十二年抽換，但是仍維持原有的外貌，我們可以在鐵橋南端的鋼梁上，看到臺鐵於當年所釘的一塊標示鐵牌，上面寫著「臺灣鐵路局鋼梁廠製造」。說來諷刺，大安溪鐵橋則是因為緊鄰七號隧道，致使施工與改建不易，才能保留至今天。隨著舊山線於民國八十七年年九月二十三日發出最後一班列車，大安溪鐵橋也跟著退役。

鐵橋的黃昏

如果現在還可以搭乘火車沿舊山線南下，那麼過了大安溪鐵橋後，就是泰安車站，接著是八號與九號隧道，當窗外光線為之一亮，就來到另一座花梁鋼橋，那就是大甲溪鐵橋。

大甲溪鐵橋的建造背景與結構都和大安溪鐵橋類似，同樣完工於明治四十一年，只是前者僅有六孔桁梁，長度也只有三百八十公尺左右。不過現在兩者的際遇卻大不相同，相較於大安溪鐵橋前途未卜，大甲溪鐵橋經過整修後，搖身一變成為中市后豐腳踏車道中，最為著名的景點之一。特別是到了假日，到此地騎腳踏車的遊客眾多，橋上的騎士更是絡繹不絕。

儘管大甲溪鐵橋的熙攘人潮，大安溪鐵橋則依然靜默佇

整修過的大甲溪鐵橋與其北邊的九號隧道口。

立。大安溪鐵橋因位置隱密，若不是有心之人，也不容易發現，倒是偶有新人前來此地拍攝婚紗。而如果就攝影的條件來看，此處堪稱絕佳取景地點，因為藉由無限延伸的鋼梁，為照片交織模糊的景深；略顯斑駁的鐵橋，可襯托新人臉上的喜氣。但是當夕陽漸斜，新人與攝影師拍完照片匆匆離去後，笑聲與吵雜聲也遠去，只剩下從河谷襲來的強風，把衣服吹得啪啪作響，鐵橋周遭又恢復了寧靜。然而，鐵橋最美的影像才正要上演。

詩人吳濁流於過大安溪後有感而發，寫下了「過大安溪」這首漢詩：

濁水滔滔逝，炎山似火紅，
綠波千里接，曠野一眸中。

太陽西沉之際，站在鐵橋上向西望去，落日不但在天空盡情揮灑繽紛的色彩，大安溪的流水、河床上的芒花與鐵橋的花梁，有的被灑上亮粉，有的被鑲上金邊。滾滾水流把視野帶向一片遼闊的遠方，火炎山在落日的光輝中，則更加炙紅。只是當黃昏再次來到，卻也不免教人心憂，璀璨的火炎山晚霞，是否能照亮鐵橋尚難預料的命運。

鐵橋深邃前景茫茫

舊泰安車站是舊山線上唯一僅存的日治時期鋼筋水泥車站，從這座十分典雅的車站出發，沿著鐵軌往北走，約莫十來分的光景即可抵達大安溪鐵橋。站在鐵橋東側的河堤上遠眺，可將整座橋梁收入眼底，花梁與外覆砌石的橋墩，共同構成了少見的交通工藝絕品，更是為科技與藝術的結合，做了最佳的詮釋。

你也可以站在鐵橋上，向北端望去，縱橫交錯的鋼梁，更構成了令人迷惑的圖案；連續桁架構成了深邃的橋洞，而視線的盡頭是七號隧道南口，彷彿可以看到兒玉源太郎總督，在隧道上方的題字——「一氣通」。

只是那「哐噹」、「轟隆」的進行曲，已經成為絕響。

大安溪鐵橋　小檔案

名稱	大安溪鐵橋
竣工時間	日治時期明治四十一年（西元一九〇八年）
所在位置	臺中市后里區
備註	全長約六百三十八公尺
跨越溪流	大安溪
主要建材	鋼梁橋體，石砌橋墩
周邊景物	舊泰安車站、泰安水橋

連續桁架與縱橫交錯的鋼梁，構成了深邃的橋洞與令人迷惑的圖案。

昔日阿緱城的門戶

下淡水溪鐵橋

新式鐵路桁架橋的代表作

猶記兒時搭乘火車，當火車快速通過一種大鐵橋，那時候還不知道這種橋叫做桁架橋，只覺得一個接著一個的巨型鐵架快速從身邊通過，好像越過一座座小山坡，忽上忽下，煞是有趣。而縱貫線鐵路沿線有為數不少的桁架橋梁，例如大安溪鐵橋、大甲溪鐵橋，另外像是糖鐵的虎尾溪鐵橋，而其中最著名的恐怕非下淡水溪鐵橋莫屬。

日治時期日本引進歐美建築技術，當時混凝土已應用於橋梁工程上，至民國三十四年臺灣光復為止，已興建橋梁二千三百餘座，大多為短跨距之鋼筋混凝土橋、拱橋、鋼鈑橋等。而所謂的桁架橋，是早期橋梁中能夠兼具較長跨距及承載力者，日治時期有許多鐵路橋梁都是採取此一類型的設計。

下淡水溪鐵橋曾經擁有亞洲第一長橋的美稱，不僅是彼時高雄與屏東相互之間往來最早的一座橋梁，也是高屏地區最具代表性的地標。而對於許多早年北上打拼的屏東人而言，當搭乘火車回到故鄉時，這座猶如長虹的鐵橋，乃成為迎接屏東遊子的大門。而在民

完工於日治時期大正三年的下淡水溪鐵橋。

國三十至五十年代，只要火車經過高屏舊鐵橋，就好像在提醒旅客：屏東到了！

糖業運輸中的要角

臺灣東西向河流眾多，因此如何建造跨越這些河流的橋梁，成為日治時期鐵道部完成縱貫線鐵路的最大挑戰。現在稱為下淡水溪的高屏溪，因為河面寬闊，跨越該河之橋梁建造不易。在《鳳山采訪冊》中就曾這樣描述下淡水溪：「夏秋水漲，或寬至四、五倍不等，沿溪田園盧舍，常被淹壞，民恆患之。」對於要完成這座橋，許多人認為以當時日本人的技術，若不借助西方國家的協助恐怕無法完成，可見得此一工程的艱困與難度。

因此當時縱貫線鐵路於日治時期明治四十一年（西元一九〇八年）雖號稱全線通車，但實際上只通車至高雄。而也因為下淡水溪鐵橋工程之延宕，九曲堂到屏東這段，也可說是縱貫線鐵路最重要、最艱鉅的工程，一直到大正三年（民國三年，西元一九一四年）始完工。

然而，下淡水溪鐵橋工程既然如此艱難，且花費不貲，日本殖民政府為何要如此費盡心思、處心積慮將縱貫線鐵路往南延長到屏東？其背後的原因恐怕不只是單純的交通運輸。

事實上，位於臺灣南端舊稱阿緱城的屏東市，在當時就其戰略位置而言是前進南洋的前哨站，而其人口數與商業發展都較之打狗（高雄）來得進步與繁榮。我們翻開日治時期殖民政府對於臺灣行政區的劃分，不管是明治年間的二十廳或十二廳的規劃，打狗都還是歸屬在臺南廳轄下，而阿緱已經是獨立的阿緱廳。所以儘管下淡水溪工程不易，但是將縱貫鐵路延伸到屏東，對當時的總督府而言只能說勢在必行。

不過僅僅是阿緱城的重要性，可能還不足以構成日人挑戰這項高難度工程的動機，其完工後所帶來的龐大製糖商業利益，恐怕是同樣重要的決定性力量。而這得從明治四十二年（西元一九〇九年）臺灣製糖株式會社，創立阿緱製糖工廠（臺糖屏東廠的前身）說起。

這個曾經被稱為「臺灣製糖新高山」的製糖工廠，最大產量可達三千公噸。因此在下淡水溪鐵橋尚未完成之前，只能趁著秋冬乾季之時，將鐵軌鋪設在河床上，糖廠小火車才能通到屏東。然而，一到春夏雨季水漲時，鐵軌就得收收回。因此架通下淡水溪能將阿緱製糖工廠所產製的粗糖運至港口，再送回日本加工成精糖，這一重要的經濟收益，使得當時的殖民政府欲盡全力而欲竟其功。

宛如藝術作品

下淡水溪鐵橋連接現今的屏東市與高雄市大樹區，這座橫跨高屏溪的長橋，落成於大正三年，總長一五二六公尺，是臺灣最長的桁架鐵橋，由二十四節鋼桁架與二十三座橋墩構成，鋼梁構材在日本製造後運送來臺安裝，橋墩則是由磚造外覆花崗石的沈箱製成。

連綿不絕的桁架與被修飾成弧形的石砌外觀橋墩，加上歲月的光輝，橫臥於江面遼闊的下淡水溪，讓這座原本是工業技術下的產品，再怎麼看都散發出藝術氣息。無怪乎新竹地區的客籍作家吳濁流在搭火車經過這座橋後，寫下了「過下淡水溪」。作家也被這座兼具磅礡氣勢與藝術美感的長橋所感動，而當火車在橋上鳴笛而過，藍得彷彿伸手可及的天空，還有翠綠的椰子樹，都在告訴我們，已經來到充滿熱帶氣息的國境之南。

當我們提到這座高難度大橋的完工，就不能不談當時負責設計監工的日本技師飯田豐二。飯田豐二因為盡忠職守、積勞成疾，於鐵橋完成的前一年病終，享年四十歲。現在在九曲堂車站旁立了一座紀

橋墩是由磚造再外覆花崗岩，從圖片中看得非常明顯。

念碑，來追悼這位將其人生青壯年精華都奉獻給這座鐵橋的早逝工程師。

碑文中描述了明治四十四年（西元一九一一年）「督府將築阿緱鐵路，擢君（飯田豐二）為九曲堂派出所主任，以督工。」碑文中也提及下淡水溪之險惡與建橋之挑戰——「下淡水溪河身宏闊，每歲霖雨之期，怒濤噬岸，奔流決堤，氾濫橫溢，沿村被害頗大，加之以鐵橋為至難之工事，非尋常人所當也。」飯田豐二克盡職守，碑文中謂「君承命，孜孜盡厥職，殆忘寢食，遂積勞成疾。」最後於大正二年（民國二年，西元一九一三年）六月十日，病逝於臺南醫院，而來不及親眼目睹其督工的作品完成，令人不勝唏噓。該鐵橋已於民國七十七年功成身退，原本鐵路局打算拆解，幸好經過高屏地區民眾之爭取與奔走，終被內政部列為國家二級古蹟，也免於對文化史蹟的另一次的戕害事件。

今日，橋下已經被闢為生態與文化園區，假日時來此一遊的遊人還不少，人們可在園區的戶外餐廳點杯飲料，然後悠閒的欣賞夕陽與鐵橋所共同構成的美景。美中不足的是，民國九十四年與九十五年兩次的颱風洪水侵襲，造成鐵橋總共有四座橋墩及五座桁架被洪流沖毀。儘管如此，和不遠處的高屏新橋相比之下，下淡水溪鐵橋高低起伏的花鋼梁，配上質感渾厚的石塊橋墩，使得下淡水溪鐵橋給人的感覺，與其說是一座交通工程，毋寧可視之為一件大型的藝術作品。

九曲堂車站旁飯田豐二的紀念碑。

淡溪秋月

相較於下淡水溪鐵橋，鐵橋下已改稱為高屏溪的下淡水溪，一樣有著一段段的傳奇史事。

許多人都以為，下淡水溪的名稱是相對於北部的淡水溪，因為在南部的淡水溪前加上一個「下」字，邏輯上似乎有那麼理所當然。殊不知，此一名稱是因為「下淡水社」而來。早期的先民到臺灣時，對於河流並沒有很具體的「一條」的概念。因此同一條河，可能在上游、中游或下游都有各自不同的名稱，所幸每條河流都會出現一個最常用的稱呼，那就是這條河的渡口名稱，而以該河流沿線最重要的渡口為河流命名，實在也是因為其重要性。

下淡水溪因流域甚廣，支流眾多，流經的村莊自然也不少，而「下淡水社」正好是過去淡水溪於「縱貫道」的渡口，因此乃將之名為下淡水溪。現在，我們也可以從一些古地圖中加以驗證，例如雍正八年測繪的《著色十排圖》與乾隆二十六年測繪的《十三排圖》，都可以看到鳳山縣南方的「淡水溪」與「下淡水社」。乾隆三十二年測繪的《大清萬年一統天下全圖》的臺灣地圖，「淡水溪」已經被標示為「下淡水」，只是其中最特別的是，全臺僅標示出「下淡水」這一條河流，而且在東岸出海。

而這條曾經是許多清代與日本工程人員眼中，難以克服的巨大河流，卻也有著溫柔婉約的一面。清乾隆七年（西元一七四四年）劉良璧等的《重修福建臺灣府志》中，列出了鳳山縣時期的所謂「鳳山八景」，其中之一就是「淡溪秋月」，就是指下淡水溪，而淡溪秋月更是成為歷代文人雅士的吟誦對象。

清詩人林夢麟就曾以「淡溪秋月」寫詩——「玉兔娟娟碧水悠，波光萬頃映沙洲，聲歸長寂溪原淡，氣有餘清月帶秋；泛棹渾忘身在世，行吟只覺魄吞喉，塵心對此全銷卻，半點繁華更不留。」詩中的景象呈現了在滿月的秋夜，詩人乘著扁舟渡河，廣闊的河面映著銀白色的月光，閃耀著粼粼的波動，果真教人忘卻俗世的紛擾。

連續浮現的歷史光影

站在下淡水溪鐵橋的一端，向另一端望去，連續桁架構成了深邃的橋洞，引領人們走向時光的隧道。

現在如果還有機會再搭火車通過鐵橋，隨著一座座的桁架通過身邊，將不再是一座座忽上忽下的小

一節一節的桁架構成深邃的橋洞，宛如一幕幕連結的歷史片段。

山坡，而是一幕幕的歷史場景——秋夜中泛著銀色光芒的河面、積勞成疾的飯田豐二、宛如城堡的石砌橋墩、冒著黑煙的糖鐵小火車、期待返鄉的屏東遊子——不斷浮現。

（原文刊載於歷史文物月刊「99,3」，本文經補充與修改。）

下淡水溪鐵橋 小檔案

名稱	下淡水溪鐵橋橋	跨越溪流	下淡水溪
竣工時間	日治大正三年（民國三年，西元一九一四年）	主要建材	鋼梁橋體，石砌橋墩
所在位置	高雄市與屏東縣交界，下淡水溪下游	周邊景物	飯田豐二紀念碑
備註	一、長一千五百二十六公尺 二、二級古蹟		

五、踩出歷史回音的木橋

在人們使用的許多建築材料中，傳統建材總給人一種難以言喻的親近感，而傳統建材中又以木頭最能跳脫材料的僵化，傳達一股生命的力量。不管在什麼樣的氣溫下，木頭總是保有最接近人們體溫的溫潤；木頭也能飄散出香味，尤其在傳統建築中，那股香氣是建構歷史氛圍不可或缺的條件。

只可惜，木造的建築難以持久，特別是木橋，不僅要接受風吹日曬雨淋，更得承受人們的踩踏。但是也因為踩踏，當我們走在木橋上，除了木頭的溫暖與香氣，更能聽到腳下傳來的歷史回音，開始與過往的時空展開互動。因此能夠倖存的古木橋可謂鳳毛麟角，更顯得彌足珍貴。

‖ 臺中市臺中公園內的中山橋，追溯其歷史已超過百年，雖然經過多次修建，橋名和原來的模樣都已改變，但始終維持木橋的身份。行走其上，用心體會多元的質感。

臺中公園 中山橋

臺灣僅存的日治時期木橋

大墩懷舊相本的一頁

臺中市的臺中公園，相信是許多和筆者一樣的臺中人共同的兒時回憶。現在的人到公園猶如家常便飯。但在數十年前，「公園」的概念尚未普及，臺中市沒幾個像樣的公園，因此逛臺中公園可是一件大事。

難得放假一次的父親，想要帶著全家去公園玩，但那得花不少錢，節儉的母親並不太允許做這種事。因此從有印象起，有幾次去臺中公園都是在農曆新年的時候，我們會穿上新衣、新鞋，宛如要參加一場盛宴。但是那時對於公園的印象，沒有北門樓，沒有湖心庭，只有沾了鮮紅梅粉的艷綠芭樂，還有那個一直到自己當爸爸後才實現的願望——在日月湖中划船。

進入不惑之年後，筆者很常做的事情就是懷舊，有一回想起好久沒到臺中公園，便一時興起。那天從自由路與公園路口進入臺中公園，一映入眼簾的就是那帶點赭紅的弧形中山橋。剎那間，忽然驚覺打從兒時以來，到臺中公園的次數或許稱不上數不清，但卻是第一次發現有這樣的一座橋，更特別的是，她是一座

木橋。

臺灣僅存的日治時期木橋

在日治時期的都市地區還能出現木造的橋梁，已經是鳳毛麟角，而能從日治時期保留到現在，那只能說是絕無僅有。回顧臺灣自清朝起的建橋歷史，清朝時期先民利用本土營造的學習與觀察，以就地取材為基調，發展出本土原生的籐橋、竹橋、木橋、石橋及磚橋的類型。明治維新後的日本，自歐美把新式的建築材料、技術與風格引進臺灣，而這樣的情況自然也出現在橋梁的建築上。

因此較之清朝，日治時期的橋梁呈現了一些特色，首先是在重要的交通幹線上，長度超過一千公尺的大型橋梁陸續出現，其次是市區的橋梁也因「市區改正」計畫重新改造，而此被更新重建，呈現當時特定的建築風格與美感，例如已經被拆除的臺北市中山橋，以及臺中市區的中山綠橋。在這樣的背景下，儘管，我們現在所看到的中山橋的主體模樣，是民國七十四年五月所重新修建，但臺中市的臺中公園還能保有這樣一座木橋實屬不易。更值得一書的是，中山橋更是臺灣縱貫鐵路百年歷史中，非常璀璨的一頁。

臺中公園是一座超過百年歷史的公園，其規劃與選

臺中公園日月湖上的中山橋，應該是臺灣古橋中僅存的木橋。

在許多臺中人兒時記憶中，臺中公園是重要的一頁。

址於日治明治三十六年（西元一九〇三年）確立。最特別的是，在公園內玩賞的同時，可以領略臺中市自清代以來發展縮影，園區內可以見到清代臺中城垣的東門樓，日治時期的神社，到戰後樹立的國父銅像。

當然，臺中公園的標誌，甚至應該說臺中市的地標——湖心庭，更是聞名全臺，只是更多人不知道湖心庭的由來，而民國九十七年臺中市政府所舉辦的縱貫鐵路通車百年的慶祝活動，才又有機會讓多一點人知道湖心庭的故事。

把時間拉回百年前，日治明治四十一年（西元一九〇八年）縱貫鐵路全線完工，當時為了加速通車，鐵路分別由臺灣南、北兩端建造，位在縱貫鐵路中心的臺中自然成了辦理這項艱鉅工程竣工典禮的最佳地點，為了彰顯日人治臺的成果，便選擇了臺中公園作為通車典禮的地點。

當時日本閑院宮載仁親王，特別來臺主持通車大典，湖心庭便是當時親王的休憩所，也是整個通車典禮中最重要的建築，而中山橋乃是連接公園與湖心亭的橋梁，兩者皆是臺灣縱貫鐵路通車典禮的紀念建築，十分具有歷史意義。民國八十八年四月十七日，經過學者專家的研究評估後，臺中市政府將湖心庭與中山橋公告為「市定古蹟」。

原名二號橋的中正橋，已經改為鋼筋混凝土材質。

歷經多次整修的中山橋

民國七十三年，中山橋橋面、橋墩出現嚴重腐損，甚至有安全的顧慮。於是自該年底開始封橋重建，一直到七十四年五月完工。這次的大整建，可能考慮到木材遇水容易腐壞，所以將橋下的橋墩和橋柱改為混凝土，而為了再提昇泛舟的便利與安全，弧圈的頂端也升高。但是橋面的桁梁、面板，橋身的望柱、欄杆等材質與形式，都保存原來的模樣，而且原本堪用的舊木料也都加以保留。

這座因縱貫鐵路通車典禮而興建的中山橋，最早應該是建於日治明治四十一年。明治年間乃是日本徹底西化運動的年代，因此連建築的式樣和語彙，同樣帶有濃厚的西洋風格。所以中山橋原始模樣為「直櫺欄杆」，具有濃厚的西洋風格，與湖心庭的擬洋風格非常接近，根據相關的史料，兩者由同一家營造廠商承包，因此是同時興建的一整體性設計。

中山橋的木造材質在歷次興建中雖被保留，但是其模樣卻有了轉變。原始建造時的西洋風格，於大正六年（民國六年，西元一九一七年）改成日式風格。這種日式木橋在大正年間蔚為風潮，而當時同時改建的還有桃園廳、新竹廳與南投廳等公園內的木橋。我們現在還可以在日本京都皇宮東南面的神泉苑，看到一座用色與造型都和中山橋非常類似的木橋。

可能是因為木材容易腐壞的特性，到了大正十一年（民國十一年，西元一九二二年），中山橋又整修了一次，這次的修建，將中山橋的橋面改為弧形，但是拱矢比是比現在還小的弧圈，筆者猜測會做這樣的修整，有可能是配合日月湖中的泛舟活動，讓船隻與遊客能夠比較容易穿梭於湖中。

事實上，連通園區和小島上的湖心庭，有東西兩座木橋。原名一號橋的中山橋便是其中一座，另外則是原名二號橋的中正橋，也有將之通稱為「比翼橋」。然而，中正橋在後來的整建中，已經改為鋼筋混凝土材質。

然而，筆者最感到驚喜的是，民國七十幾年時，臺灣經濟已經頗有起色，但是在古蹟或歷史建物的保存上，仍舊有待努力，而且就像許多廟宇紛紛改以鋼筋水泥，替代傳統木石的建材之思維，臺中市政府的相關單位，竟沒有捨棄腐壞的木材，而改採全橋鋼筋水泥，怎能不教人意外與額手稱慶，也正因為如此，才能讓我們還能有幸走在這座具典雅風情的木橋之上。

中山橋欄杆的扶手與扶手之間，以銅片與大型銅釘接合與固定，略帶綠鏽的銅片與木橋，給人一種穩重與安全的感覺。望柱與其他欄杆的柱頭，都採取紡錘形的收尾，這種柱頭稱之為「擬寶珠」，是東洋建築風格中，經常使用於欄杆上的一種語彙表現。望柱的擬寶珠柱頭都漆成接近木頭原色的咖啡色，在整座赭紅色的橋梁上，顯得特別突出。

至於中山橋被漆成赭紅，可能與華人對「紅色」的正向喜好有關，而揚州橫跨瘦西湖的「紅橋」應該是最有名的。這座紅橋原為木造，因為兩側有紅色的木欄杆，所以因而得名。清初的王世禎於順治十七年（西元一六六〇年）起在揚州任官五年，期間曾寫過一首以紅橋為主題的詩，並且重新修葺「紅橋」。

遙想木橋歷史

走在中山橋上，與一般的水泥橋有著非常不同的氛圍，腳下踩的是略帶彈性的木質橋板，手上觸摸的是有著溫潤質感的木頭欄杆。正如同我國許多傳統建築，大量採用木頭作為門堵、梁柱……等，讓我們在欣賞古蹟的同時，隱約可以嗅到木頭的香氣。同樣的，木製的中山橋，也營造了一種回到往日的時空。

咖啡色的擬寶珠柱頭，在中山橋赭紅的橋體上特別顯眼。

在人類歷史上，木橋的興建也有長遠的歷史，而用於橋梁的建造上，木橋雖然有容易腐蝕、劈裂與蟲蛀等缺點，但是卻也有能夠受壓與受拉的優點。當然木橋的形式可以從一根木頭所做成的獨木橋，到結構複雜的木拱橋。當然，歷史上有名的木橋早已腐朽，但是還可以從一些古畫中去探尋。

一般而言，學者們認為最精巧、新穎，且獨一無二的木拱橋，就是宋朝首都汴京（河南開封）的虹橋。這座橋雖然已經腐朽，但事實上可能有不少人見過，只是未加以仔細端詳——原來這座橋就出現在非常著名的清明上河圖中，這幅畫的作者是宋代著名的畫家張擇端。

這座橋乍看之下，與溪頭的大學池竹橋頗為類似，都是屬於拱圈的的造型。但是，汴京虹橋的長度與結構複雜性都遠遠超過大學池竹橋。而從圖中可以看到，橋上滿是行人、馬車、轎子，可謂人馬雜沓，甚至橋頭還有攤販，至於橋下則有大型船隻正準備通過橋拱，因此我們可以推測這座橋在設計上非常精巧，能夠承受龐大的載重，並且藉拱圈的造型，讓船隻便於往來。

至於臺灣的木橋建造，在明鄭與清乾隆時期就曾經分別出現。臺灣縣志中指大坊橋「在東安坊嶺後通衢之中，官府往來之所也，架枋為之，因以名橋，偽時所建。康熙二十三年（西元一六八四年），知府蔣毓英重修．後屢圮屢修，皆出縣官捐俸焉。」文中提及這座橋以巨木為架，橋上鋪以四方形的大枋，因此大枋不僅是橋梁命名的由來，更是道出橋梁所用的材料，不管是橋的支架或橋面，都是巨型的原木，至於「偽時」即指明鄭。

另外，清乾隆十六年（西元一七五一年）在鯽魚潭（今臺南永康）建造鯽魚潭橋續修臺灣縣志中即指出鯽魚潭橋「在永康里蔦松嵌下，乾隆十六

在臺中市科學博物館內有一座仿自清明上河圖中的木橋。

年紳士侯世光建，砌磚為墩，高丈三尺，釃水三道，相距各丈六尺，架木鋪板其上」這座鯉魚潭橋，則是使用了木頭與磚塊的複合材料。

木橋的美麗跫音

中山橋在百年歷史的臺中公園內畫出一道美麗的紅弧，大概是湖心庭以外，公園內最能引人注意的景物了。步行在這木橋上，望著湖上的湖心亭，我們可以遙想當年盛大的通車典禮；看著橋下波光粼粼的湖水，我們可以欣賞划船遊客的悠然自得。

在一切講求效率與成本的後工業文明社會中，發現這座木橋有難以形容的喜悅感動。她不僅是一座難得一見的木橋，更是一座有生命、有故事的光陰通道，不僅能感受到自然的律動，還會發出木頭特有的窸窣聲響，領悟詩人所謂的「美麗跫音」。

（原文刊載於大墩文化月刊「99,5」，本文經補充與修改。）

中山橋　小檔案

名稱	中山橋	跨越溪流	臺中公園日月湖
竣工時間	日治明治四十一年（西元一九〇八年）	主要建材	木材（橋墩已改為鋼筋混凝土）
所在位置	臺中市臺中公園	周邊景物	臺中公園、文英館、市長官邸藝文之家
備註	一、原名一號橋 二、與湖心庭共同公告為臺中市市定古蹟		

踩在木頭上的窸窣聲響，是旅人美麗的跫音。

第二篇

殊異的功能　發展的見證

六、五分仔車的橋梁

臺灣糖業鐵道，起源於橋仔頭製糖工廠，最早的時候是鋪設一種可以拆裝的軌道，以水牛拉引貨車。由於這樣的軌距只有七六二釐米，比起標準的鐵軌來得窄，所以俗稱「五分車仔」。只是也有人提出應該是指稱糖鐵火車時速只有一般火車的一半。總之，「五分」在這裡的用法應該是形容其為「小火車」的意思。

日治時期糖業鐵道在中南部非常發達，從最早的運蔗糖，到後來成為客運的用途。只是糖鐵一樣面臨臺灣溪流的阻隔，因此有幾座橋梁是糖鐵運輸中不可或缺的要角。時至今日，這些橋梁大多數已經廢棄，但絕對是曾經風光一時。

|| 雲林縣北港鎮的北港溪鐵橋，是糖鐵中的第一長橋，更是當年公路未臻成熟之際，聯絡嘉義與北港的重要孔道，更造就了所謂的「黃金路線」與「進香鐵道」。

|| 雲林縣虎尾鎮的虎尾糖廠鐵橋，其北端巨大的花梁非常有氣勢，從橋上還可以看到還在冒煙的糖廠巨大煙囪，更告訴人們她承載了糖鐵發展的歷史。

北港溪鐵橋

北港印象

講到北港，你會有什麼印象？是香客絡繹不絕的朝天宮？是那個臺灣僅存的兩處之一的牛墟？還是曾締造史上單日甘蔗壓榨量最大的北港糖廠？當然對於喜愛美食的人們來說，對於北港的北港飴、鴨肉羹……等美食小吃，可能一樣有著深刻的回憶。正如同蔣勳所說：「你會在腦海裡浮現一些，好像始終忘不掉的食物和料理，他們不只是口感上的回憶，甚至讓你在心靈上有一些特別的感動。」

前述這些固然是許多人的北港印象，只是這次筆者要和大家分享的，是曾經在北港風行一時的地標——北港溪鐵橋，而這條號稱臺灣最長的糖鐵橋梁，和前述這些北港印象，卻都有著或多或少的關聯。曾經有許許多多的進香客搭乘糖鐵，經過北港溪鐵橋到朝天宮進香，然後去品嚐這些著名的小吃；曾經在糖鐵興起前，透過牛墟交易的牛隻，是載運甘蔗的主要動力來源；曾經從鐵橋上鳴笛而過

從北港鎮往南眺望北港溪鐵橋

的火車，載著一節節火車的甘蔗，成就北港糖廠最高日榨量的歷史紀錄。

北港航運與糖業發展

北港一地的開發甚早，根據文獻指出，十七世紀荷人所繪的笨港地圖，均稱 Ponkan，係由笨港溪南北兩岸同時發展出來之城市，對外通稱笨港。有人認為 Ponkan 乃是平埔族語，隨後閩粵移民稱此地為「笨港」。

而漢人到達笨港的最早記載可能是明朝天啟元年（西元一六二一年），顏思齊在笨港登陸並建立十寨。顏思齊早先在日本經商，因不滿日本幕府政府對華僑的不公平待遇，於是聯絡結拜兄弟鄭芝龍等人密謀起義，不料起義前消息洩露，眾人只好駕船往南逃難，經八晝夜航行後，後來選擇在笨港登陸臺灣，開始紮營設寨，開墾屯田。因此有人認為，從此以後福建沿海居民紛紛入墾，乃漢人大規模移民臺灣之始，而笨港應該就是臺灣發祥之地。為了紀念這件事情，民國四十八年特別在鎮上的北辰路，立了一座「顏思齊登陸笨港開拓臺灣紀念碑」。

而笨港自清朝起，就是嘉義以北重要的通商口岸。據康熙六十一年巡臺御史黃叔璥所撰之臺海使槎錄中的赤嵌筆談所載，當時近海港口，哨船可入者，包含鹿耳門及南路之打狗港，北路之蚊港、笨港、淡水港、小雞籠、八尺門等處。又謂當時臺米販運內地，南路米由打狗港，北路米則經笨港。

因此諸羅縣志謂：「笨港：商船輳集，載五穀貨物」，而同治年間的治臺必告錄中也提及：「臺之門戶，南路為鹿耳門，北路為鹿港、為八里坌，此官所設也；非官設者：鳳山有東港、打鼓，嘉義有笨港，彰化有五條港，淡水有大甲……」。

由此可知笨港天然條件優良，漢人自始即以之為開臺根據地，加上其所處地理位置適中，更成為諸羅縣城以北的重要通商口岸。而清朝在笨港大規模開發的證據，則在民國八十八年北港溪鐵橋所經過之板頭村與崩溪缺之北港溪地底，發掘大量笨港街道遺址與器物。

而臺灣糖業的發軔也與北港有密切的關聯，北港的糖業其實可遠溯至荷領時期，顏思齊到笨港後，笨港及沿海一帶遍植甘蔗。顏思齊去世後鄭芝龍更是掌控了福建與臺海的貿易，糖更是成為大宗的貿易商品之一。到了清朝一度達到巔峰，也就是著名的「笨南北港糖郊」。然而到了日治初期北港航運停止，糖業則為日資所取代。二次大戰末期因盟軍轟炸，嚴重受創而停廢，臺灣光復經政府接收，在廢墟中重建。

然而，儘管風光一時，但是就像臺灣糖業於民國八十年代開始走向下坡一般，北港糖廠也於民國九十四年停產。而在那段北港糖廠的黃金年代，北港溪鐵橋更是扮演了重要的角色。

最長的糖鐵橋梁

日人治臺之初，雖然無法立刻介入北港傳統勢力龐大的糖郊，但是隨著時間的演進與日資的大舉入侵，沒過多久就創立了北港製糖株式會社。而該會社的興起雖然是代表傳統糖廍走入歷史，但卻也是北港的糖業再度興起的轉捩點。此外，北港線糖鐵也讓這個一度因水運的衰敗而沒落的古都再現曙

綿長而彎曲的橋體，是北港溪鐵橋的特色。

光。

俗稱「五分車仔」的臺灣糖鐵，起源於橋仔頭製糖工廠，最早的時候是鋪設一種可以拆裝，軌距七六二釐米的軌道，以水牛拉引貨車。到了明治四十年（西元一九〇七年），在總督府的許可下，臺灣第一條糖業鐵路正式誕生。

根據日治昭和十一年（民國二十五年，西元一九三六年）出版的北港郡要覽指出，當時由大日本製糖會社經營的私設鐵路有三條，包含虎尾線、嘉北線與大林線。嘉義到北港之間的嘉北線，便是因為北港溪鐵橋方能架通。日治時期昭和四年（民國十八年，西元一九二九年）九月二十五日的日日新報還曾特別報導，之前因為北港溪鐵橋損壞而中斷的嘉北線再度開通。

嘉北線自明治四十四年（西元一九一一年）開始營運，全長共十八．八公里，一九一三年延伸至烏麻園（今口湖鄉），成為三十一．七公里。此路線初期以甘蔗原料、肥料與砂糖的運輸為主，將收購自雲嘉平原的甘蔗送到北港糖廠，連結了北港糖廠生產區與嘉義地區的甘蔗產區。而也因為運載原料甘蔗、糖蜜、蔗渣，洋溢甜蜜的味道，所以被暱稱為「甜蜜的五分仔車」。

全長八百七十八．六三公尺的北港溪鐵橋也同樣完工於日治明治四十四年，是糖鐵最長鐵橋，其呈現弓型彎曲的橋體，更是糖鐵橋梁中僅見。但在一九四四、一九六〇年曾經兩度改建，整座橋梁共有鋼筋混凝土的排架七十六座，工字梁組合鋼梁橋墩七十四孔，在北港鎮這一頭還有下承式鋼梁板兩孔。下承式鋼梁板，是指橋面在鋼梁板下方，因此可以看到鐵軌兩旁宛若護欄的鋼板。

當年一車車的甘蔗送入北港糖廠，再將一包包的粗糖運送到各地，而鐵橋在這個過程中扮演了非常重要的角色，更促成了日後北港糖廠，成為臺灣糖業歷史中唯一達到日甘蔗壓榨量可達三千八百噸之糖廠。

從運糖到進香

對不少老一輩的人，搭乘糖鐵客運是記憶中特別的一章。在那個公路交通不方便的年代，四通八達的糖鐵，是人們前往各地最重要的交通依賴，至於「嘉北線」更是一條「黃金路線」。

昭和二年（民國十六年，西元一九二七年）在大日本製糖株式會社的銳意經營之下，進入到北港線真正的黃金期，北港郡要覽中記載，昭和十年在北港站乘車之旅客已達五萬七千三百四十九人次，而下車旅客也達到七萬三千四百九十二人次。而當年北港郡的轄區包含北港街、元長庄、四長庄、口湖庄、水林庄，合計人口也僅約十萬人，可見這條路線利用率之高。

昭和年間已屬日治後期，臺灣重要城鎮交通有一定程度的現代化，但北港一帶糖鐵客運能夠如此發達，也歸因於公路品質仍舊欠佳。我們來看看當時公路交通的情況，以日文撰寫的北港郡要覽中這樣形容：「北港郡下的指定道路鋪得很好，但是主要幹線以外的保甲道路，聚落道路等，都只有一至兩臺車的寬度，事實上是連牛車都很難通行的狀態。所以各部落之間，車子能自由來往是地方居民連作夢都想像不到的事。但是指定道路的土地是砂質，強烈季風來襲時，會破壞尚未完工的路面，修補需要很多的經費及勞力；乾季時沙塵滾滾；雨季地面泥濘，造成交通運輸的困境。」特別值得一提的是，嘉北線因為聯繫縱貫鐵路，所以成為雲嘉一帶人們南來北往的要道，而且該鐵道連接了媽祖信仰十分鼎盛的北港與新港，成為進香旅客必經路線，大家暱稱嘉義——北港這條路線為「進香鐵道」。

已經被拆得幾乎體無完膚的北港糖鐵火車站

民國五十年左右，每日甚至在嘉義和北港間對開二十二班次，媽祖聖誕期間，為了應付大量湧入的香客，另有直達車、汽油車、旅客列車與混合列車等，根據一些文獻指出，來自南北各地的媽祖信徒湧入，小火車班班客滿，連車頂都坐了乘客，而列車長還必須爬到車頂剪票，成為當時的奇景。旅客藉由北港溪鐵橋來往於北港與新港朝聖，當火車經過鐵橋時隆隆聲響乃是旅客記憶中的重要一頁，而綿長蜿蜒的鐵橋，也已經成為媽祖信仰與進香文化的深刻圖騰。

到了民國五十六、七年，還曾經締造每年盈餘二百萬元的營運佳績，為臺糖鐵道之冠，成為糖鐵名符其實的「金雞母」。而一直到民國七十一年停止載客之前，糖鐵北港線仍是全臺糖鐵客運中最為風光的一條線路。

一樣鐵橋兩樣情

光復之後，北港溪鐵橋在臺糖公司的正式稱呼為「北港溪十一號橋」，也有人稱之為復興鐵橋。然而，隨著糖業的沒落，以及鐵道甘蔗運輸的功能亦逐漸由公路運蔗車所取代，北港糖鐵終於在民國八十七年全面停駛，由鐵橋隸屬的嘉北線劃下句點。鐵橋逐漸荒廢殘敗，終至鐵件鏽蝕、橋墩損傷的地步。臺糖曾經因為維修不易，一度準備發包拆掉鐵橋，因北港文史團體的大力奔走與請願要求才得以保留，民國九十年公告為歷史建築。

只是筆者第一次前往探訪時，為眼前破敗的景象所震懾。筆者從臺中駕車南下，在「北港」鐵橋的制約下，自然是從北港這端來探訪這座鐵橋。帶著滿懷期待爬上北港溪堤防，堤防雖經過刻意的修整，有步道也有涼亭，但是步道沿線及橋臺附近滿是垃圾與雜草，為防止遊客通過的鐵欄杆已斑駁生鏽。橋頭前見到一公告提及，因九十一年九月間洪水沖毀了七十二號橋墩，而原本懸於其上的鐵軌已經扭曲變形。雖然這座

北港溪鐵橋在北端橋頭前，提醒遊客的安全公告

鐵橋已經被雲林縣政府公告為歷史建築，但是似乎也未能因此而受到重視。由於鐵橋一路往南延伸，但大約自六十號橋墩前後，就已經隱身在樹叢中。

然而，不只鐵橋搖搖欲墜，嘉北線的鐵軌已經被拆得體無完膚，而創建於大正六年（一九一七），曾經是糖鐵最具氣勢的北港火車站，如今也只剩下一些斷垣殘壁和一小段木構廊簷，我們實在很難想像這條「黃金路線」過往的盛況，這一切只能用「斷橋殘站晚景涼」來形容。現在如果想要憑弔往日的榮景，恐怕要到嘉義縣民雄鄉境內的牛斗山車站。這個日式風格的車站，是當時北嘉線與大林線會車的地點，只是如今也因遭到廢棄而隱身在老樹與蔓草間。

為了能夠更全面了解北港溪鐵橋的面貌，於是決定驅車到嘉義縣新港，也就是南端再探究竟。新港這個近二十幾年來以社區營造而出名的小鎮，果然在北港溪鐵橋的再利用上非常用心，舊鐵橋在九十四年間已經修建成一兼具鐵道意象與懷舊氛圍的園區。

猶記那天因為一連串的陰錯陽差而有所延誤，抵達此地時正好是最適合散步的傍晚時分。沿鐵軌往南是笨港遺址的考古文化教育園區，藉由立體的方式，展示了笨港板頭村與崩溪缺兩地清代市街發展的遺址，更讓人驚訝於鐵橋除了載運蔗糖與進香客之外，更把現在的人們帶向數百年前笨港發源地的往日時空。

往北行走進入北港溪鐵橋，在舊鐵橋改建的人行陸橋上，北港溪的陣陣涼風吹來，舊鐵軌與枕木就在腳下，橋上視野開闊，周遭盡是一派野溪田園風光。而行到盡頭處，弓形彎曲的鐵軌在前方構成一道優美的弧線，彷彿看不到盡頭，這應該是臺灣鐵道橋梁極為稀有的景象。

再見！北港溪鐵橋

雖然北港溪鐵橋已經不是當年最原始的木造材料與景觀，但是卻是北港以及雲嘉一帶，曾經鼎盛一時糖業的見證；小火車雖然已經停駛，但是冒著煙的火車頭，在北港溪鐵橋上緩緩前進的畫面，相信也是許多人生命中不可磨滅的記憶。

至於筆者雖未曾搭乘過嘉北線，但是看到這座鐵橋，竟想起兒時在火車上對著沿路景物說再見的回憶，不禁也喃喃低語：「再見！北港溪鐵橋」，而心中有一點甜，也有一點酸，也多了另一項對於北港的印象。

北港溪鐵橋 小檔案

名稱	北港溪鐵橋	跨越溪流	北港溪
竣工時間	日治明治四十四年（西元一九一一年）	主要建材	鋼梁橋體，RC 橋墩
所在位置	雲林縣北港鎮北港溪	周邊景物	北港糖廠、北港朝天宮
備註	一、橋長八百七十八．六三公尺 二、雲林縣歷史建築		

承載糖鐵歷史的

虎尾糖廠鐵橋

筆者書寫這篇文章已經是拜訪虎尾溪鐵橋好幾週之後，但是那天冬日午後太陽照在身上的暖意，到現在卻還留有餘溫。

如果要找一個兼具往日風情又有古橋的小鎮，虎尾鎮與虎尾溪鐵橋應該是當之無愧，這個早年因為糖業發達而興起的小鎮，現在也因為糖業的沒落而顯得安靜，但是糖廠、虎尾驛、郡役所、合同廳舍、郡守官邸、鐵橋等歷史建築，使得這個小鎮蘊含濃厚的歷史氛圍，甚至讓人有置身東瀛的異國感受。

第一次探訪虎尾溪鐵橋是在一個冬日的午後，那天氣溫非常舒適，甫下車，就可以感受到虎尾這個還保有歷史古味的小鎮與糖廠特有的氛圍。放眼四週，眼前是虎尾糖廠的巨大煙囪，鐵軌兩側盡是樹形優美的茄苳樹，洋溢五、六十年代風味的同心公園，當然最顯眼的是那有著雄偉鐵鑄桁架的虎尾溪鐵橋。

虎尾糖廠、糖鐵運輸與虎尾橋

虎尾溪鐵橋的誕生與功用和虎尾糖廠有著密不

虎尾溪鐵橋的北端是雄偉鐵鑄桁架

可分的關係，而這樣的鐵橋與糖廠的關聯性，在臺灣糖業鼎盛發展的年代，還有不少的例子，僅僅是在雲林縣就有兩個，一個是建於日治時期明治四十二年（西元一九〇九年）石龜溪鐵橋，當年是因應新高製糖株式會社嘉義工廠（大林糖廠前身）的運輸原料需要，而建造之鐵橋；另一個則是北港溪鐵橋，也是因為隨著日本製糖株式會社（北港糖廠前身）所帶起的糖業的發展，肩負起搬運原料甘蔗、肥料與工廠副產品的任務。

因此我們在探索虎尾溪鐵橋前，勢必得先翻閱虎尾糖廠的歷史。虎尾糖廠的前身最早是斗六廳管內的五間厝設立的粗糖工廠，由大日本製糖株式會社，於明治三十九年（西元一九〇六年）十二月獲得總督府許可設立。明治四十二年大日本製糖株式會社爆發「日糖事件」，造成該會社嚴重虧損而宣佈破產，卻促使了日本大財團——藤山家族接收了大日本製糖株式會社，隨即大加整頓旗下的製糖工廠，接連蓋了第一、第二與第三工場，以及酒精工廠。到了大正十五年（民國十五年，西元一九二六年）糖產量位居全臺之冠，而其酒精工場更是號稱「東洋第一」，因而使虎尾有「糖都」的美名之稱，更是臺灣早期的三大製糖廠之一。

當時藤山財團的負責人藤山雷太除了發展製糖之外，更與總督府鐵道部協商計畫在他里霧（斗南鎮舊稱）與五間厝（虎尾鎮舊稱）設立一條縱貫支線，如此方能將虎尾糖廠所產製的粗糖運送回日本，而虎尾鐵橋就是當時「他里霧」支線一項重要的交通設施。到了明治四十三年（西元一九一〇年），因虎尾驛通車，「他里霧」支線開始兼辦客運，並可接通剛竣工通車的臺鐵縱貫線鐵路。

虎尾糖廠的巨大煙囪是虎尾地區的著名地標。

其後隨著大日本製糖株式會社發展規模愈來愈大，到了一九三〇年代後期，其所經營的糖鐵運輸，北可到達濁水溪南岸，最南還可遠及南靖驛（嘉義水上鄉），而使得虎尾驛成為臺灣糖鐵中部的總樞紐。到了民國四十二年西螺大橋通車，正式接通了糖鐵全臺的運輸網絡，虎尾驛也成為糖廠五分車轉往中南部的轉運站，而此期間也是虎尾鐵橋最為風光的時期，每天不管是載貨或客運的五分車，不停穿梭於鐵橋之上。

而糖廠與糖鐵，更帶動了虎尾鎮的繁榮，作家古蒙仁在其「兀自聳立的煙囪——回憶虎尾糖廠」一文中提及，昭和六年（民國二十年，西元一九三一年），虎尾郡役所成立，展現了成為新的行政中心的時代風貌，「站在郡役所大門，隔著佈滿市招、行人熙攘的中山路往南望去，正好可以看到彼端的糖廠和虎尾溪鐵橋。」

多樣貌的虎尾鐵橋

虎尾溪鐵橋全名應為「虎尾糖廠鐵道橋」，又名「會社鐵橋」。日治時期有許多鐵路橋梁都是採取鋼材桁架橋的設計，所謂的桁就是指屋頂下面托住椽子的橫木，其原理就是用另外一個架子支撐橋梁重量，例如著名的下淡水溪鐵橋或是大甲溪、大安溪鐵橋，都是屬於鐵路桁架橋。但實際上仔細探究其建造歷史，才發現這座鐵橋具有豐富而多樣的外貌與內涵。

首先，當我們站在河堤上一覽其全貌，才發現整座鐵橋從北側開始桁架逐次降低，是採用看似三段高低不等的鋼架花梁設計，而且應該是臺灣唯一一座多段式的鐵路桁架橋。然而經筆者閱讀相關的文獻後，才驚覺我們現在看到全長約四百三十七公尺，共二十三座橋墩，二十二處橋孔的虎尾溪鐵橋，卻是經過一段長時間的演變。

根據雲林縣文化局的資料，隨著虎尾糖廠於明治三十九年創立許可，製糖原料與產品運輸需求大增，當時虎尾鐵橋即已規劃興建，最慢應該在明治四十三年就已存在。但橋梁主體構造應係木造，此後的二十五年間，該橋都維持木造形式，軌距維持二呎六吋，並持續提供糖鐵營業線的使用需求，而這也是虎尾鐵橋的最早雛形。

到了昭和六年，應是虎尾溪鐵橋正式著手興建的年代，其多段高低不等鋼架花梁設計也於此時成形，而除了橋梁主體變更外，橋梁的方位亦所有變動，南側橋頭向西側移約七十公尺。而原本的木橋改為鋼梁桁架橋，一說是時基於原料運輸，連接官線、客貨運業務、虎尾溪氾濫等的考量，乃重新架設具有結構安全考量的現代鑄鐵橋梁。但是也有一些文獻提及是因為時值二次世界大戰，在橋上搭建保護橋梁與運輸安全的鋼梁與護欄。而除了多段式外觀，虎尾鐵橋也是一座多國合作下的產品，該橋設計者是英國 West Wood 公司，由日本黑板組負責施工規劃，但實際的施工執行參與者應該是臺灣的先民。

此時期所建的鐵橋，總長度約在三百公尺，總共有十一處橋墩，十個橋孔。但是各橋孔間跨度不一，各橋孔中以第一橋孔跨度最大。橋墩運用鋼筋混凝土構造，橫梁主要運用華倫式桁架（Warren Truss）、小馬式桁架（Pony Truss）、版梁等鑄鐵構造物。

到了光復後，於民國四十八、九年間，因應水利單位檢討虎尾溪河床寬度，考量加大其河床以提昇水利安全，鐵橋也配合擴建。這次的擴建由沈佳先生所設計，於是鐵橋向南側延伸，增築橋墩與橋孔，鐵橋南段也因而增加一百八十七公尺。雖然此次的擴建仍然採取鋼筋混凝土構造，但是在外觀與形式上卻與舊橋極為不同，各橋孔間的跨度約在

三段式的建橋歷史，四段式外觀的虎尾桁架橋。

十一點五公尺左右，橫梁採用工字鋼梁，而橋墩造型也與先前不同。昭和六年所建之橋墩類似下淡水溪鐵橋之橋墩，呈現粗壯的扁圓柱形，但外層並未覆以花崗石。而十二號到二十三號橋墩的外型則形似上窄下寬的「井」字形。

行筆至此，筆者要特別說明，在多數查閱到的文獻皆指稱虎尾鐵橋為三段式鋼架橋，然而從上述其歷年來的演變，應該是稱之為三段式建橋歷史，四段式外觀的鋼架橋。首先是第一孔橋的空間桁架花梁鋼梁；接著是第二、三孔橋的平面桁架花梁鋼梁；第三段為第四至十孔橋的「I」型鋼板梁；第四段則是第十一至二十二孔橋的「工」字梁。只是我們站在河堤上遠眺，最後兩段的鋼梁高度幾乎相同，因此很容易誤以為是三段式鋼架橋。

曾經也有關於虎尾溪鐵橋的文章，提及為何要採取這樣三段式的桁架設計，但卻皆未提出較明確的答案。然而筆者從一些相關的時代背景與脈絡，大膽推測其原因很有可能是因為當時正逢戰時，各項物資缺乏，特別是各種鋼材皆被搜刮為戰爭之用，因此無法維持整座鐵橋皆以需要較多鋼材的華倫式桁架施作。

除此之外，鐵橋上的鐵軌為五分車與縱貫線火車共用，因此橋上呈現三條鐵軌並列的景象，這也是因應縱貫線貨運火車能藉由他里霧支線直接駛至虎尾，才又於外五分車的窄軌外側加鋪一條鐵軌。

民國九十二年五月，虎尾溪鐵橋被縣政府登錄為歷史建築，而使得這座見證虎尾糖業興衰、虎尾鎮起起落落的鐵橋，能夠被保留下來。

作家記憶中的虎尾鐵橋

到了民國四十二年，鐵橋右側加建可容行人與腳踏車通行的木板橋，這座木板橋不寬，可容納兩到三人行走，以方便糖廠對岸的蕃薯庄居民往來於虎尾鎮。在巨大鐵橋旁邊有一條與之平行的木板小通道，應該是虎尾溪鐵橋的特色之一，該木板橋名之為「番薯庄板仔橋」。

早年尚未建此板橋之前，虎尾溪南岸的村民為了方便，常常冒險步行經過鐵橋到虎尾鎮上。作家沈文臺在其「縱橫雲林」一書中提及，兒時經常跟隨祖母過鐵橋，到虎尾街上採買。當中途遇上小火車經過時，「還得趕緊退避到枕木末端，緊閉眼睛傾聽『匡郎』、『匡郎』的車輪聲由近而遠後，才又亦步亦趨的跟在老祖母後面」。

前面提過的著名的作家古蒙仁，是土生土長的虎尾人，由於那份難以割捨情感，他曾經寫過好幾篇文章，帶領讀者回到他魂縈夢牽的故鄉。他在另一篇散文「虎尾溪的浮光」中提及板仔橋的木板最早為縱向排列，導致騎腳踏車於橋上時，可謂處處陷阱且險象環生。在文中寫道：「隨著年久失修，隙縫愈來愈大，一不小心輪子就會陷落其間，甚或掉落橋下，每個騎士無不戰戰兢兢，如履薄冰。直到後來糖廠將木板全部抽換，改以橫向鋪設，行人或車輛這才能安步當車，永絕後患。」

民國八十七年雲林縣政府重新修復木板橋，並在民國八十八年三月六日完工落成。然而，隨著交通日漸發達，要越過虎尾溪不再僅能依靠「番薯庄板仔橋」，但是卻也轉型成為虎尾鎮民或到糖廠的遊客散步的好地方。「虎尾溪的浮光」中，有這樣的一段文字來形容板仔橋是一個人們散心的最佳去處——「黃昏時這兒也是散步的好地方……夕陽西下，晚霞滿天，映照得溪水一片通紅，與周遭景物交織成一幅如詩般的畫面……到了晚上，這兒就是年輕男女的天下了，他們或牽手，或攬腰，小鳥依人，軟語呢喃，橋前月下，互

鐵橋西側可容行人與腳踏車通行的木板橋是虎尾溪鐵橋的一大特色。

訴衷腸，又是何等旖旎的風光。」

筆者也認為，如果有機會到虎尾一遊，板仔橋絕對是不可錯過的景點。不過橋上的欄杆處被前來此地的遊客塗滿了許多文字與圖案，而南側的入口處鐵門甚至被寫上「愛的天橋」四個大字，這樣的塗鴉行為實在不可取，但是卻也顯示了這樣的一座橋，特別是在夕陽西下時，應該是最適合人們行走其上，也可作為未來政府相關單位，對於虎尾溪鐵橋再利用時的規劃方向之一。

虎溪躍渡只在文字中

虎尾鐵橋跨越新虎尾溪，而「虎尾溪」這個名號，在歷史上也是名譟一時。根據相關探討濁水溪的文獻指出，早年濁水溪的下游河道經常因大雨而氾濫成災，造成濁水溪隨著其渡口的遷移而改變其名稱，在十九世紀末以前，西螺溪、東螺溪與虎尾溪的名稱常常交互使用。而之所以被稱作虎尾溪，有一說乃是因為河道經常改變，猶如虎尾擺動令人捉摸不定。

虎尾溪的驚險，十八世紀初兩位渡過虎尾溪的清朝官吏，分別留下了相關的作品。康熙四十六年（西元一七〇五年）臺灣府同知孫元衡自府城北上，儘管他是乘轎過河，但這恐怖的經驗，還是讓他覺得心驚膽戰，因而做了「吼尾溪」一詩。詩中他將虎尾溪比喻為華北的無定河，還提到眾多抬轎的平埔族原住民需要「爬沙百腳工騰挪」，也就是眾人七手八腳的在充滿泥沙的溪水中搬運輿轎，才能勉強渡河。

相較於孫元衡將虎尾溪比喻為華北的無定河，藍元鼎更是將多沙混濁的虎尾溪比喻成以氾濫成災著稱的黃河。康熙六十年（西元一七二一年），藍元鼎因朱一貴事件隨族兄南澳鎮總兵藍廷珍平臺，隔年他度過虎尾溪時，曾寫了一篇很有名的文章「紀虎尾溪」，在文章中他將強調了河水皆浮沙，稍有遲疑就可能慘遭滅頂，「已而揚鞭疾，水半馬腹，車牛皆騰越而過。亦奇景也！」因此渡河可謂極度危險，而這段描述，更是讓虎尾溪的險惡名聲不脛而走。然而這兩人皆在秋季水淺時冒險渡河，否則一般人都是選擇搭乘渡船，而這是較安全也較常見的渡河方式。

這兩篇文學作品中所指稱的虎尾溪，實際上應該是濁水溪的舊稱與故道之一。而現今鐵橋下的新虎尾溪，應該是十九世紀末才出現，在臺灣采訪冊描述了嘉慶七年因連日大雨而有新虎尾溪的形成，但是雲林縣采訪冊（光緒二十年）的記載卻是在道光十年才有新舊虎尾溪的分道。儘管二者的出入，仍然有待考證，但是首任的雲林縣知縣陳世烈所寫的以「履」為題的一詩中，所描繪的新虎尾溪仍舊具有磅礴氣勢：「溪名虎尾惕臨深，履險爭先有戒心。」也因為這樣「虎溪躍渡」的氣勢與驚險，乃成為人們對虎尾溪的普遍印象。

然而，現在走在板仔橋上可以遠眺虎尾溪的風光，只是河床上遍佈許多沙洲，沙洲上長滿了半水生植物，水流量不大，特別是在冬天這樣的乾季，整條溪給人的感覺猶如一位溫柔婉約的村姑，而那「虎溪躍渡」的壯闊景象，恐怕只能憑藉孫元衡、藍元鼎與陳世烈他們的作品去揣測與想像。

虎尾情之所繫

虎尾溪鐵橋承載了虎尾鎮、虎尾糖廠與虎尾溪的發展歷史。藤山雷太傳記中一篇「臺灣旅行」的文章，記述他於昭和十年搭乘火車經由他里霧支線，過虎尾溪鐵橋回到虎尾舊地重遊。文中他憶起二十五年前這個舊稱「五間厝」的小村落，在糖廠的帶動下，已經逐漸成為現代化的城鎮。

深秋的虎尾溪顯得平靜而蕭瑟。

虎尾溪鐵橋更連結了每個虎尾人的過去與未來，猶如古蒙仁在「虎尾溪的浮光」一文中提到虎尾溪鐵橋是其年幼玩耍、探險的樂園，青少年時期閒逛、冥想的最佳去處，也是十六歲那年負笈他鄉的起點。而在知天命之年，重新回到故鄉，虎尾溪鐵橋是他每日上班必經之地，更是尋找好心情的天地。

而對於不是虎尾人的遊客，在走玩一趟虎尾鐵橋之後，累了就到同心公園的大樟樹下歇歇腿，渴了可去糖廠的販售部嚐一根米糕冰棒。當然，你更可以沿著中山路老街，領略虎尾往昔的光輝，路的北端盡頭就是虎尾郡役所改建的布袋戲博物館，而當你回首往南凝望，虎尾溪鐵橋還是在那裡守候。

守候每個虎尾人的兒時回憶，守候每個遊客因遊賞虎尾所留下的美麗足跡。

（原文刊載於臺灣月刊九十八年六月號「電子版」，本文經過補充與改寫。）

虎尾糖廠鐵橋 小檔案

名稱	虎尾糖廠鐵橋	跨越溪流	虎尾溪
竣工時間	日治昭和六年（民國二十年，西元一九三一年）	主要建材	鋼梁橋體，RC橋墩
所在位置	雲林縣虎尾鎮（虎尾糖廠旁）	周邊景物	虎尾糖廠、虎尾郡役所（布袋戲博物館）、虎尾郡守官邸（雲林故事館）、虎尾驛
備註	一、橋長四百三十七公尺 二、雲林縣歷史建築		

七、看見平原往山區開發的橋梁

自從清朝同治年間牡丹社事件之後，隨著到臺灣的移民愈來愈多，臺灣開發的範圍也愈來愈廣。其過程與順序大致上是從海邊到內陸，從西部到東部，從平原到山區。而就平原向山區的開發，最早的起因應該是樟腦的採集。

其後為了開採山區其他資源，以及所謂的「撫蕃」、「理蕃」政策，交通運輸的需求愈來愈高，而平原與山區交界之處的河流，則成了必須克服的屏障。特別是到了日治時期，機動車輛逐漸被廣為運用，跨越河谷的橋梁，也從只能供人或牲畜通行的木橋，逐次改建為大型的糯米石橋，當然也正式讓文明的腳步踩進了臺灣的山林。

‖ 南投縣國姓鄉的北港溪橋，主要是因為戰時日本總督府運送山區資源而建造，如今是前往惠蓀林場必經之處，也成為國內糯米橋的代名詞。

‖ 新竹縣關西鎮的東安橋是通往馬武督山區一帶的重要橋梁，這座五拱的糯米石橋，更發生過一件臺灣史上僅見的橋梁徵文活動。

糯米橋的代名詞

北港溪橋

名氣響亮的糯米橋

如果問你「臺灣哪裡有糯米橋？」相信有很多人都會馬上想到南投國姓鄉北港村的北港溪橋，只是也因為如此，她真正的橋名好像已經被遺忘。筆者首次感受到這座橋名氣之大，乃是在一次前往東勢探訪另一座糯米橋的途中。

那是民國九十七年一個暑假的下午，卡枚基颱風過後的數天，天氣還有點不穩定。我在家中事先找到一些資訊，由於並不是非常清楚，出發前也用衛星定位找到附近的巷弄。然而最新的科技始終無法導引你到心靈所嚮往之處，更讓人想到傳統的問道於鄉夫村婦，能讓人體會人與人接觸的溫暖，有時還會得到親自帶路的意外喜悅，或甚至為你說上一段故事，對於古蹟或歷史建築的探訪，更增添了不在腳本中的意外章節。

將車子暫停在路邊一戶正在包裝水梨的人家，便上前詢問：「這附近是否有一座糯米橋？」原本在工作的四、五個人被我一問，紛紛停下手邊的工作而討論起來。其中一位四十幾歲的先生告訴我「那是在南投國姓鄉吧？」當下讓我震懾於國姓鄉北港溪橋名氣之響亮。而更值得一提的是，民國八十三年內政部公告此座橋梁列為第三級古蹟。

南投國姓北港溪橋已經習慣被通稱糯米橋，真正的橋名好像已經被遺忘。

跨越北港溪的通道

南投的好山好水總是令人嚮往，許多人到南投旅遊，惠蓀林場必定是目的地之一，而北港溪橋就是在國姓鄉前往惠蓀林場的半路上。該橋橫跨北港溪河谷之上，位於國姓鄉的北港村。

北港村地處國姓鄉東北方，是一個四面環河的河谷平原，北與臺中市和平區為界、東與南投縣仁愛鄉、埔里鎮為鄰。其開發約可追溯到清初，明鄭軍師率兵招撫，漢人至此開闢田園耕種，在北港村沿岸形成山村，故早年有北港溪堡的名稱。這個小山村雖鄰近北港溪，但因取水不易，所以農業發展始終受限，一直到日治後期因水圳設施漸趨改善，而使得農業發達，一度成為國姓鄉之最大米倉。村內的水圳之一的北圳歷史悠久，該圳引北港溪水，沿著圳旁的步道可以發現傳統水圳設施的縮影。村內盡是農村的田園風光，彷若世外桃源。

在北港溪橋興建之前，當地居民依賴一簡便搭造的木構橋梁渡過北港溪，而木橋遺址應該是在新舊橋之間的岩盤處，仔細尋找還可隱約辨別木橋基樁的鑿痕。依據當地耄老的回憶，當年的舊木橋非常簡陋，只以幾根木柱支撐，欄杆低矮零落，橋面舖

北港溪橋與週遭山水構成一幅幽靜的畫面。

以木板，但因不甚牢固，經常翹起，行人經過險象環生。每到春夏大雨來臨，橋面甚至被大水淹沒，因此地方無不企盼能建造新橋。

到了日治昭和十五年（民國二十九年，西元一九四〇年），北港溪石橋開始興建，由於該橋是四拱卷石橋，在當年也算是大型建築，特別是在這個群山環繞的小山村中，因此為何興建該橋不免令人好奇。然而有關北港溪橋的興建原因有不同說法，其中一說為日軍為了縮短聯繫東勢與埔里二地軍用機場的運補作業，由小埔社經大坪頂經北港溪水長流至新社，如此，便可避免由臺中經霧社、草屯再溯烏溪北上埔里這段遙遠路程；另一說法則是戰時日人大量徵斂臺灣的物資，而為了將附近泰雅部落的松柏木材往外運送，故建造該橋。然而，不論說法為何，當地村民的日常交通生活所需的重要性，似乎遠不及於因應二次世界大戰的需要。

而這座橋與戰爭的關聯性，也可以由後來日本殖民政府對這座橋梁的高度重視得到印證。這座石橋由臺中州的日本商社源田組承包，並派遣技師淺野負責督造，而施工期間日本軍方及臺中州知事，還曾派山崎先生等人到場監督。

儘管北港溪橋的興築有其背後的政治意識形態與軍事動機，但是卻也體現了北港村民對於家鄉的認同與凝聚，因為其實際的施作是轉包給北港村人王金練，許多村民也參與了造橋的工作，而該橋所需的石材，也是產自於該村西南郊埔尾段的山區。根據當年北港公學校畢業且參與造橋工作的黎雙火老先生回憶，那時候鑿石、爆破、搬運、砌石等工作，多數都由北港村民完成，甚至有婦女也加入工作行列。

黎老先生擔任橋基爆破工，他還記得他的工資是每日兩元，而其他的雜工每日約一塊二左右。歷經居民七到八個月的合力施工，該橋於隔年完工。也因為如此，北港溪橋除了橋梁本身的稀有性與對地方交通史的見證，更充分展現地方特色，且蘊含了北港村民濃厚的情感，而這也是該橋被列為古蹟的重要原因之一。

從昭和十六年（民國三十年，西元一九四一年）起，糯米石橋盡忠職守為往來北港地區的人們服務。直至民國七十六年，臺二十一線交通流量日益增加，隨著馬路的拓寬，又重新蓋了一座鋼筋水泥橋，北港溪橋才暫時褪下其任務。

糯米石橋典範

北港溪橋全長約五十三公尺，寬五公尺，高約二十公尺，在日治時期的糯米橋中，算是較為巨型的橋梁。民國八十三年內政部公告將此座橋梁列為第三級古蹟，北港溪石橋正式成為臺灣唯一列名古蹟的橋梁。其被內政部指定為古蹟的理由，除了前述充分反應地方特色之外，主要為其四拱造型在臺灣並不多見，以及四周環境優美。

當我們細細品味這座橋梁的工法，確實也為前人在欠缺大型機具協助下，仍能完成這件造型、比例均優美，且屹立六十幾年的建築工藝品而折服。當然，更重要的是其所樹立的工藝成就。從遠處觀之，由兩側橋臺與中間三座橋墩所構成的拱卷，每個拱卷的矢（拱頂至拱腳的垂直距離）跨（兩拱腳間的水平距離）比例約為一比三，宛如四道比例一樣的半圓拱形彩虹。橋墩與山花牆的接合處，還修築成凸出的半球面，並順勢將橋墩構築成圓弧型柱體，有利於減少水流的衝擊。而橋墩與兩側弧圈的優美線條，共同構成宛如一隻展翅的大雁。

近看其施工，拱圈採縱聯式砌法，石塊之尺寸大小依拱型打造，除龍門石（即西洋拱圈所稱之拱心

北港溪橋做工精細，比例優美，樹立了糯米石橋工藝成就的代表。

石）略大於其他拱石而呈錐形。除了拱圈的石塊，包含橋臺、山花牆、橋拱底部之石塊皆鑿切平整，排列平順，施做細膩，填縫確實。國姓糯米橋完工至今已近七十年，但經歷了數次的洪水考驗，且遭逢九二一大地震，仍舊堅強屹立。這應該是與其施工石橋址選定適宜，橋墩基座深入岩盤，橋體施工確實等有重要關係。

這座四拱的巨橋與四周連綿山峰，構成兼具雄偉氣勢與優美氣質的景觀，也因此北港溪橋典雅的身影，常常成為畫家筆下或是攝影家鏡頭中的作品。當然，在這些優美的畫作或鏡頭下，壯闊的北港溪谷也是不可或缺的背景。

起源於合歡山的北港溪，全長約六十公里，由南投縣仁愛鄉向西南流經國姓鄉，在北港村附近尚有眉溪、阿冷坑溪與五棚坑溪注入，並在國姓鄉柑仔林附近與南港溪匯流成為烏溪，河域兩岸群山雄偉壯麗，林木茂盛景致優美，特別是在惠蓀林場附近的北港溪與兩旁的高聳山壁，構成巍峨的峽谷，氣勢直逼東西橫貫公路的立霧溪峽谷。而北港溪因為源自山地與森林，沿線未經過其它村鎮，所以溪水清澈，魚蝦眾多。

北港溪橋的下一個春天

然而，歲月終究在北港溪橋造成一些損傷與痕跡，包含部份山花牆損毀，而改以卵石補強；原始橋面損毀改以水泥柱與鐵欄杆；橋身兩旁被架上水管；橋墩底部改以混凝土為材料所製成的橢圓形基座，外覆鐵皮。這些與原貌不符的作法，固然有其理由與動機，但是都造成了北港溪橋某種程度的破壞。

不過民國八十九年撼動中部的九二一大地震，不但沒有對北港溪橋造成明顯的損害，反倒搖醒了北港村民的社區意識。九二一地震對於國姓鄉造成極大的損傷，北港村所在的梅山社區也遭受嚴重的破壞，一連串的天搖地動後，當地居民開始思考他們要一個什麼樣的家鄉，在文建會資源的挹注下，他們開始以糯米橋為家鄉再造的精神象徵，北港溪橋也成為地方發展產業與觀光活動的中心與主軸。一時之間，當年老一輩人們對北港溪橋的情愫，似乎感染了全村的居民。

只是正當北港村逐漸從地震的陰霾逐漸走出來時，民國九十三年的敏督利颱風造成七二水災，導致北港溪水暴漲，將糯米橋橋面及九二一地震整

九二一大地震後，北港溪橋成為當地推動社區旅遊的重心。

修後等水泥建材部分全部沖走，僅剩橋墩尚保存下來。這樣的情況，卻更加引起學者與居民對於糯米橋建築結構的特殊性與對於家鄉深刻的文化意涵。於是在居民與文化界的呼籲下，南投縣政府也開始籌編預算，企圖修復北港溪橋往日的風采。

幾經折衝後，北港溪橋的整建從民國九十五年底開始動工，工期預定三百個日曆天，原本要在民國九十六年八月完成，但是就在橋墩和溪底工程完成後，進行橋面工程時，監工單位發現實際施作與設計圖有不符之處，進而產生了糾紛，致使工程就這樣延宕下來。

民國九十七年十二月底，筆者到此地探訪，整座橋只體結構已大致完工，橋墩已經重新砌石，

民國九十七年十二月施工中的北港溪橋，圖中是堆在橋面上的石塊。

但是底部仍舊維持以混凝土為材料所製成的基座，橋面的一側散落了一些石塊，另一側則修築一段約五、六公尺的石製欄杆，但是完全感受不到這座橋原來的「氣質」，更令人難以把眼前這座「新橋」和「三級古蹟」的意象加以連結。九十八年三月初，筆者又再度到此探訪，但是較之三個多月前，完全看不出有什麼新進度，想必先前的工程糾紛到現在還尚未解決。

期盼那道像橋拱的彩虹

站在水泥橋上望向北港溪橋，不知覺中天空開始飄下雨來，雨天特有的靜謐氣氛與灰濛視線，讓這座「新橋」才稍顯出些許滄桑，只是茫茫然的北港溪河谷讓人看不清楚遠方，而雨後的那道弧形彩虹不知道何時才會出現。

北港鐵橋 小檔案

名稱	北港鐵橋	跨越溪流	北港溪
竣工時間	日治昭和十六年（民國三十年，西元一九四一年）	主要建材	石材（以糯米漿為黏合材料）
所在位置	南投縣國姓鄉北港村	周邊景物	蕙蓀林場、北圳步道、芙蓉瀑布
備註	一、長約五十三公尺，寬五公尺，高約二十公尺 二、三級古蹟		

史上僅見的橋梁徵詩對象　東安橋

關西往東發展的要衝

東安橋完工於日治時期昭和八年（民國二十二年，西元一九三三年），位於竹二十八縣道上，跨越了牛欄河。東安橋在當年算是大型橋梁，更是關西這個小鎮，成為往東拓展的重要交通關卡，因為過了橋再繼續往東前行數公里，就進入馬武督一帶。

第一次造訪東安橋時，開著車經過橋上，已經很難看出是一座具有七、八十年歷史的古橋。只見橋上新舊欄杆並存，在往東的這一側，其樣貌是民國六十年前後那種幾乎沒有什麼美感的水泥欄杆，呈現了一派灰暗的暮氣。而進入關西這一側的則是仿石造的欄杆，看起來應該是完工還沒很久。

然而，當你下車後，沿著橋邊的石階走到橋下的河濱公園，才能領略這座五拱石橋的雄偉氣勢。而當你仔細研讀其歷史，更可以從這座被稱為所謂的「關西八景」之一的橋梁，一窺這個舊稱唧彩鳳、咸菜硼小鎮的開發歷史，當然還有那史上僅見以橋梁作為徵詩比賽的活動。

五個連續的拱圈，烘托東安橋雄偉的氣勢。

從鹹菜甕到關西

「關西」一個帶有濃厚日本味道的地名，但是在清朝時卻是一個北臺灣標準的隘墾社會例子。關西在最早期時曾經盛產鹹菜，加上地形宛如一缺口的盆地，所以舊名鹹菜甕。新竹縣志土地志中即寫道：「關西當時附近河川魚產富饒、山野鳥獸繁殖，任憑取之不盡，宛然甕中取鹹菜，隨手可得，故名。後轉書鹹菜甕為咸菜硼、啣彩鳳等名。」在日治時代明治年間此區改名為咸菜硼。惟此名一直沿用至日治大正九年（民國九年，西元一九二〇年），因咸菜之日語和關西之日語諧音，而將地名改為關西庄而沿用至今。

十八世紀末，清朝政府為了加速臺灣的開發，北臺灣的清朝地方政府策略性的開放漢人與熟番結盟的武裝開墾集團，進入沿山地區建立起帶有防衛性質的武裝聚落。而其交換條件就是同時允許這些墾號中的地方菁英或士紳，擁有籌組私人武力、免繳土地稅等權利。這種處於半自治狀態下的地方拓墾組織，就是所謂的隘墾社會，而關西可說是隘墾社會的典型。

而這樣的開墾模式與策略，到了日治時期也被日人沿用，以解決開山撫番的難題。而日治大正二年（民國二年，西元一九一三年）時，臺灣總督府殖產局派出了官員來到關西一帶，確立當地的煤層屬性與開墾價值。因此吸引包括日人或本地士紳的開採集團湧入，因此也加速馬武督、石門等地礦、林業的發展與開墾的腳步。而隨著經濟開發也造成交通需求日殷，連接關西與馬武督兩地的東安橋也於焉誕生。

今天我們走在關西市街，確實可看到不少日治時期留下的建築或街屋，有大正風格，也有昭和式樣，但是仔細一看卻又發現許多傳統的廟宇、家廟、祠堂與合院式的民宅。然而，又可以發現街上的招牌標示客家的粄條、麵食。這些不同的元素，在這個舊稱啣彩鳳、咸菜硼的關西，做了恰如其分的融合。

壯觀與典雅兼具的東安橋

橫跨牛欄河的東安橋，原本只是一座木造便橋，這些木板橋橋面並不寬，大約都以一個人能通過為基準，而有趣的是木板橋的承重，則是以能夠承受挑豬的挑夫通過為標準。木板橋雖然不甚堅固，但是卻反映了過去鄰里間人們的關係密切與生活的特色。

然而，臺灣的河流經常在春夏的雨季時，河水暴漲，這種簡易的木橋很容易就被沖毀，更是時常造成人們過橋時的危險，所以關西地方人士因而倡議建造新橋，使得人們能夠平安方便的渡過牛欄河。此外，隨著關西地區的拓墾範圍逐漸擴大，關西以東的馬武督地區逐漸成為重要的礦業、林業的生產區域，興建跨越阻隔兩地的新式橋梁，乃成為重要的考量。

根據一些文獻指出，當時地方士紳聘請日本技師設計，再雇工至錦山地區採集紋理細緻的石塊，這是因為錦山河流域各種石材都非常豐富，這些石塊以人力搬運至現場，交由當地知名的石匠李鎮帶隊砌築。站在橋墩下仔細端詳，這些天然的石塊，每一塊各具色澤、紋理，更襯托出以石頭作為建材的特色。

橋墩石拱跨徑為六公尺；橋墩淨高為八．五公尺；長度約五十公尺；橋面淨寬四．九公尺，加上護欄寬為五．五公尺。這些數據都可以看得出東安橋是一座巨型的糯米石橋。東安橋雖然巨大，但是因其石砌作工細緻，加上橋拱線條與矢拱比例優美，卻能兼具典雅的氣質，是全臺少數仿日本皇宮

東安橋取自附近錦山河流域的各種石材

橋梁興建而至今仍保存完好者。

這座臺灣少見的五拱糯米橋，一度曾經面臨拆毀的命運。民國八十九年，關西鎮公所規劃四號計劃道路拓寬工程，與內政部維護東安古橋古蹟政策發生衝突，縣府與鎮公所召開替代方案研商會議。當時學者與文史工作者希望能完整保留這座古橋，以維護關西人共同的記憶。但是東山與東安兩里的居民因為安全與方便的考量，多數主張拓寬東安橋。

在經過幾番的拉鋸與討論之下，今天我們看到的東安橋的情況，就是採取在北側又加蓋了一座仿古拱橋，但舊橋的橋面與欄杆已經完全改建，橋梁之橋墩底部為混凝土材料，橋墩上部為石砌的石拱，僅剩下部份橋墩是原始面貌。就像一些文獻提到，與東安橋同一時代的三座拱形橋梁，目前只剩下東安橋仍在服役，而我們對於東安橋橋墩尚能完整保留，似乎應該額首稱慶。

詩的讚頌對象

東安橋舊名「彩鳳橋」，然而因為曾經有所爭議，新竹地區有名的作家林柏燕在一篇「彩鳳橋就是東安橋」的文章中，對於彩鳳橋與東安橋的關係

新舊並列的橋欄杆，左側為舊橋，右側為新橋。

做了很多考證，他主要是引用陳旺回於彩鳳橋完工後，所發起的「彩鳳橋徵詩」啟事的內容。林柏燕引用啟事中對於彩鳳橋的所在地、背景與造型進行推論，指出這座在新竹地區的橋梁經典建築，以證明東安橋的舊稱就是彩鳳橋，而光復後，因為彩鳳橋位於東安里，因而改名為東安橋。

而所謂「彩鳳橋徵詩」啟事，乃是東安橋完工後，當地文人向全臺發起的徵詩活動。此一活動恐怕是全臺僅見，而且可說空前絕後。而促成這項活動的背景，主要是東安橋造型優美且地位重要，但是也可看出這個過去原本是以謀取經濟利益的隘墾聚落，開始轉變成為有更為高層次精神生活的城鎮。這篇「彩鳳橋徵詩」啟事，出自於當地士紳兼詩人陳旺回之手。

這場徵詩活動在地方菁英的全力支持下，吸引了不少文人前來投稿，到了同年八月二十五日截稿時，所有的稿件共有六百多件。為了表示公平，關西當地的文人也請來了鹿港著名的文人陳沁園作為評審，負責判定這次的競賽名次。再者，隨著徵稿活動結束，當地文人間的文化活動卻日趨積極。

別後依然夢寐牽

關西這個融合了和風、客味的古鎮，值得讓人細細咀嚼，而再三回味，正如同作家吳濁流曾寫了一篇漢詩作品「別關西」，其中提及：

關西風景契詩緣，
別後依然夢寐牽。

而站在牛欄河邊回望東安橋，我看到橋上呼嘯而過的一輛輛汽車，猶如一幕幕歷史場景—前人拓墾的篳路藍縷、五道比例優美的石拱、安全方便的渡河喜悅、空前的橋梁徵詩活動……教人一樣「別後依然夢寐牽」。

（原文刊載於臺灣月刊電子版「98,10」，本文經補充與修改。）

橋下的親水步道，最能領略東安橋的美麗。

東安橋 小檔案

名稱	東安橋	跨越溪流	牛欄河
竣工時間	日治昭和八年（民國二十二年，西元一九三三年）	主要建材	石材（以糯米漿為黏合材料）
所在位置	新竹縣關西鎮	周邊景物	牛欄河親水公園、鄭氏家祠、錦山橋、關西分駐所
備註	一、長約五十公尺，寬約五公尺 二、新竹縣定古蹟		

八、見證城鎮發展的橋梁

日治時期官方的日日新報在大正十五年四月二十五日有一則「新竹快訊」的新聞，其中第一個主題就是「架橋頻頻」。文中最主要提到新竹郡關西庄地區「雖道路康莊，奈架橋尚未完備」，亦即許多公路都已經開通，只可惜缺乏橋梁的聯繫，所以庄內各地共有五個地點在建造新橋。

其實這也是日治後期臺灣不少地方的寫照，因為大型的鋼筋水泥橋，才能打通現代交通與城鎮發展的任督二脈。只可惜昭和年間蓬勃發展的這些橋梁，到現在只能說碩果僅存，就讓我們一起去看看兩座老橋：

‖ **新北市三峽區的三峽拱橋**，是該地水運走向陸運的里程碑，可能也是目前交通最繁忙的老橋。

‖ **高雄市美濃區的美濃舊橋**成就過往美濃人與鄰近地區快速聯絡的機會，現在對許多遊客來說，則成了通往悠悠客家歲月的通道。

三峽拱橋

功成不退的日治舊橋

三峽是新北市非常著名的古鎮，以紅磚拱圈老街、祖師爺廟著稱，不過近年來還有一項享有盛名的特產，那就是金牛角麵包。

然而，這個富有歷史的小鎮，從清朝至民初，一度以其方便的河運，和極具地方特色的藍染而聞名，儘管此二者後來都已沒落，但是已經成型的老街，加上李梅樹藝術大師所孕育的三峽祖師爺廟，讓假日摩肩接踵的遊客，在充滿金牛角麵包的香氣中，不斷湧入三峽朝聖。

不管是老街、祖師爺廟都緊鄰三峽溪，印象中我到三峽也有數次，但是每次都是像多數的遊客，走過跨越三峽溪的長福橋，急著去參觀那素有「東方藝術殿堂」的祖師爺廟，以及見證近百年發展的老街，卻沒有注意到在長福橋不遠處，有一座由一道拉出連續三波弧線的橋梁。

這座橋被稱作三峽拱橋，跨越三峽溪已經有將近八十年的時間。臺灣多數的古橋因為交通幹線改道，或是另建新橋，舊橋便因此廢棄，或是退役為

人行步橋，像是新北市坪林區的坪林舊橋、新竹縣關西鎮的錦山橋。

但是三峽拱橋不僅沒有「功成身廢」或「功成身退」，甚至如果要從臺灣現存的古橋中，找出一條交通最為繁忙者，那自非三峽拱橋莫屬。

新式橋梁工程的里程碑

三峽拱橋肇建於日治昭和七年（民國二十一年，西元一九三二年）十月，隔年六月完工，七月通車。這座橋梁乍看之下，與其後期多數的鋼筋混凝土橋梁差異不大，同樣有著暗灰色的外觀，兩座下寬上窄的橋墩，以及連續的欄杆扶手。但是，當細心比較與品嚐，仍然會發現她一些獨有的特色。

就筆者的瞭解，日治時期雖然橋梁的材料與工法，較之過去有較為長足的進步，但是大體上而言，明治與大正年間，大型橋梁仍舊採用石拱糯米橋，新式的鋼筋混凝土到了昭和年間似乎才逐漸普及。我們會發現與三拱橋差不多時間完工的橋梁，還有臺中市大安溪舊橋、高雄市美濃區的美濃舊橋，都是以鋼筋混凝土為建材，不過仍然注重美學的修飾，像是線條流暢、作工細緻的連續矮欄杆，再配上古樸的洗石子外層，所以看起來也別具韻

三峽拱橋在河道上拉出一道連續三波的弧線。

連續平直的矮欄杆與拱圈所構成的美麗線條。

味。

三峽拱橋在規格上乃是依照昭和二年（民國十六年）所頒佈的道路改修規則設計，整座橋是由日人杉浦庄一（另一說為「杉村庄一」）所設計監造，總共所需經費為四萬四千九百三十三日圓，當時三峽地方民眾捐資五千圓，其餘則由州政府負擔。日治時期，這座拱橋在結構上是屬於「鋼筋混凝土鐵拱下路式公道橋」，稱得上是新式橋梁的里程碑。

所謂的拱橋，其橋面荷重，主要是靠架於兩岸或是橋墩間的拱，以現今的在技術與材料的不斷革新之下，許多動輒超過數百公尺的鋼筋混凝土或是鋼拱橋，已經比比皆是。但是八十幾年前，受限於技術與材料，全長九十三公尺的三峽拱橋，雖仍然需要設計成三拱，但已屬不簡單的工法。至於「下路式」是指行車橋面是在拱圈下方，反之則稱為「上路式」。只是筆者以為，「下路式」拱橋讓行人過橋時，能夠感受到不斷退到身後的拱圈，造成連續光影的變化。

當然，三峽拱橋的三道連續弧線，為這座原本生硬的交通建築增添了柔美的氣質。因此，當我們就近細細品味這座橋梁，則會發現三峽拱橋的另一項特色，那就是兩端的四個望柱，以及拱圈交接處的四座燈柱，呈現了工藝的美學。

昭和年間建築的顯學乃是現代式樣及語彙，而三峽拱橋裝飾風格顯然也不脫這樣的意識形態。這些望柱與燈座看似宛如一座小型堡壘，其實是以各種不同的幾何體與線條所構成，看似繁複，卻有其一定的規律；在穩重中，卻又不失變化。當然除了裝

宛如一座小型堡壘的燈座。

飾之外，更與路燈的實用功能做結合。

將橋梁建築與路燈做一完整的設計，常見於日治時期市區的橋梁，最為有名的不外乎已經被拆除的臺北市舊中山橋。另外是跨越臺中市綠川的中山綠橋，所幸這座橋梁還被保存下來，雖然經過整修，但是仍能保留其原來的樣貌。而值得一提的是，中山綠橋的長方體燈柱上窄下寬，藉由柱身從上到下的凹槽，將燈柱修飾得更顯修長，其所顯露的古典多立克柱式味道，與三峽拱橋的現代式樣，可說是各具特色。

從水運走向陸運

鳶山是三峽人的後院，站在鳶山山頂上向下俯瞰，腳下是四通八達的公路網絡，更可以發現現在的三峽因為鄰近二高，對外陸路交通運輸甚為方便，更讓我們難以想像清末之際，水運竟是三峽對外的最主要交通方式。

三峽舊名「三角湧」，其得名是因為此地原為三峽溪、橫溪、大嵙崁溪（大漢溪舊名）三溪匯流之地。早年此處極具水利之便，曾經是大嵙崁溪航運的重要港口，晚清之際，三峽盛產的樟腦、茶葉及藍染，就是利用河道縱橫的水利之便，將貨品運送至各地銷售，而三峽老街也是於此時逐漸成形。

到了日治時期的昭和初年，水運仍然被三峽的人們所利用。因此在三峽鎮志中，就提及當時一位住在民權街的老嫗，回憶她在年幼時曾隨著父輩搭船到艋舺遊玩的經驗。但是河道逐漸淤積，加上桃園大圳工程於日治大正五年（民國五年，西元一九一六年）十一月開工，引走大嵙崁溪的大量溪水，歷經八年施工，於大正十三年（民國十三年，西元一九二四年）完成導水路及幹線、支分線工程，造成下游水量遽減，導致大嵙崁溪水運逐漸式微。

事實上，到了大正年間，三峽聯外與鎮內的輕便軌道網也陸續建立完成，到了昭和四年，三峽與板橋之間的海山自動車會社客運汽車也正式通車，也大大降低了三峽人們對於水運的依賴。直到昭和八年（民國二十二年），三峽拱橋完工，三峽與板橋、臺北之間的交通，水路完全被陸運取代，而三峽地區的水運時代終於劃下句點。

拱橋上的春曉

三峽盛名之一，不外乎源自祖師爺廟，但是我們更不能忘了，那一手打造、催生祖師爺廟成為「東方藝術殿堂」的李梅樹大師。

李梅樹大師是土生土長的三峽人，在臺灣近代的畫壇享有盛名，李梅樹先生從小生長在藝術氣氛濃厚的家庭，其後曾負笈日本東京美術學校習畫，儘管赴日習畫的過程一波數折，但是始終動搖不了其投身美術的堅強意志。他擅長於揉合印象主義與寫實主義的畫風，晚年更是以故鄉的人、事、物、自然風景等，作為其筆下的描繪對象。

而根據一些文獻指出，三峽拱橋可以說是李梅樹最鍾愛的繪畫題材，其中以「三峽春曉」最為人熟知。這幅完成於民國六十六年的畫作，以三峽橋為主題，畫面遠處橫亙於三峽溪的三道弧線，自然是圖中的焦點。春天清晨曙光中的晨霧中若隱若現，初昇的太陽所孕育的彩霞，將天空與水面染成或黃、或紫、或紅。當時的三峽溪尚未遭受過度人工化的整治，河岸構成一路蜿蜒的自然線條，而河岸旁有幾位浣衣的婦人，充分展露當時人們生活的情景。

而整幅畫作所傳遞的寧靜與閒適的氣氛，相信不只是依賴高超的繪畫技巧，而是一份對於生命的體驗，以及對於故鄉的深情。

追尋那份寧靜與閒適

目前的三峽拱橋已經因為鄰近其他新橋的開通，而成為僅能單行汽車的橋梁，只是拱橋仍然是三峽市中心的重要交通孔道，所以橋面兩旁規劃成機慢車與人行道，因此現在看來不算寬的橋上，總是一幅車水馬龍的景象。不過也因為這樣，人們在通過這座古橋時，恐怕無暇停下來品味她所蘊含的藝術美感與歷史厚度。

車水馬龍的三峽拱橋，利用率仍然高。

下回來到三峽，在品嚐完金牛角麵包之後，別忘了繞過來欣賞這座拱橋，追尋李梅樹大師筆下那份寧靜與閒適。

三峽拱橋 小檔案

名稱	三峽拱橋
竣工時間	民國二十二年，西元一九三三年
所在位置	新北市三峽區三峽老街附近
備註	新北市市定古蹟
跨越溪流	三峽溪
主要建材	鋼筋水泥
周邊景物	三峽老街、祖師爺廟

美濃舊橋

從舊橋進入老街的通道

第一次知道美濃是因為鍾理和，第一次知道美濃的美是因為鍾理和的作品笠山農場。此後常常在旅遊的書籍中，看到美濃的介紹，因此一直被這個隱身於十八羅漢山腳下的客家小鎮所深深吸引。夥房、東門、藍衫、菸樓，還有作家鍾理和，共同建構了屬於美濃獨有的悠悠客家氛圍。

記得二十一歲那年的一個冬天，我從高雄搭上客運，然後一路隨著山路在巴士上搖晃了一、兩個小時，終於來到這個遺世獨立的小鎮。那天下了車已經是傍晚，坐在中正湖（筆者實在不怎麼喜歡這個名稱，中正湖原名中圳埤）畔略感寒意，湖面水氣氤氳，偶有幾隻鷺鳥飛過，岸邊有兩三位垂釣的漁人，的確有一種「孤舟簑笠翁，獨釣寒江雪」的意境。而從此以後，只要南下高雄，幾乎都會順道繞過來看看，如今也已經數不清楚到底來過美濃幾次。然而發現美濃舊橋，是第一次在美濃騎腳踏車。

有田野、有古蹟，還有美食，美濃絕對是單車的

天堂，如今已經忘記何時第一次在美濃騎車，那日在漫無目的的閒晃中，無意間騎上了這座橋頭有猴子雕像的舊橋，過橋之後就是著名的永安老街，正式引領你進入客家的悠悠歲月。

南柵門筏渡紀念碑

美濃四週有月光山、雙峰山所環抱，形成良好的屏障，而境內溪流眾多，像是姜子寮溪、美濃溪、竹子門溪等，提供充足的灌溉水源，是美濃得以日漸發展的重要條件。美濃於清朝乾隆年間開庄之後，其週遭也建立了不少村落，像是埤頭下、牛埔庄、靈山山麓與柚仔林等地區。

而位於美濃溪南岸的柚仔林，就在美濃庄街中心之對面，更是通往龍肚、中壇、南隆等村落往來的重要孔道，但是因為美濃溪的阻隔，使得兩地往來極為不便。因此一直以來，美濃地區的士紳亟思如何解決此一問題，於是發起排渡會之組織，設置南柵門渡口。

清朝時期的瀰濃庄有東、西、南、北四個柵門，而除了作為渡溪的渡口，南柵門渡口另一主要功能為河運的碼頭，清季美濃的穀物由此上大木筏，從美濃溪順流而下一路到東港，販售給大陸的商家。

從美濃舊橋往北，就是著名的永安老街。

從南柵門所遺留下來的石碑，可推測這個渡口最晚應該在清朝晚期就已設立。劉炳文先生於日治大正九年（民國九年，西元一九二〇年）所完成的《美濃簡史記》，對於南柵門渡口有這樣的描述：

「……夫南柵門之河流，適當停潭蓄水處，通道於柚仔林，日夕往還，行人不絕，有前輩林寶淑君，存心慈善，歲捐穀三十餘石，漲水時則令人守候稱渡竹筏，行客德之，小水即架竹筏，通常進止隨意……」

由於是屬於義渡之性質，雇請船伕並維持船筏之良好狀態，需要一筆不小的運作經費。日治時期明治三十二年（西元一八八九年），美濃第一富豪林紹猷先生將自家所有的農田八點八分贈與給柚仔林伯公祠，以確保筏渡所需的資金無虞。其後，美濃與柚仔林兩地的來往，在秋、冬季節便搭起竹橋，春、夏就藉由船渡。只是前者常遭大水沖毀，搭乘渡筏又經常險象環生。據說就是曾有人在渡河時落水身亡，所以此處另設有「南柵門重建阿彌陀佛壇」，藉此以避邪並保佑人船平安。

渡河的險象，加上交通流量日漸增加，地方人士乃向日本政府當局要求興建橋梁。當時經旗山郡署派員實地勘測，認為建橋乃當務之急，開始著手規劃興建美濃橋。該橋最後完工於日治時期昭和五年（民國二十九年，西元一九三〇年），工程費總計約兩萬六千日圓，大部分經費是由地方人士捐贈，也十足反應傳統價值中，人們對於造橋鋪路的解囊美德。

美濃橋完工後，改善了美濃的交通，也促進了地方的發展，之後又闢建了連接南北且貫穿中庄的中正路，以及向外聯絡旗山的中山路。

走過美濃舊橋

美濃舊橋完工於日治時期昭和五年，當年十月二十六日的日日新報第五版在一則高雄地區的報導中，有一小段美濃橋竣工的消息，也提到了當天的「落成式」。儘管已經有超過八十年的歷史，但美濃舊橋不僅見證了美濃的發展過程，更向世人展示

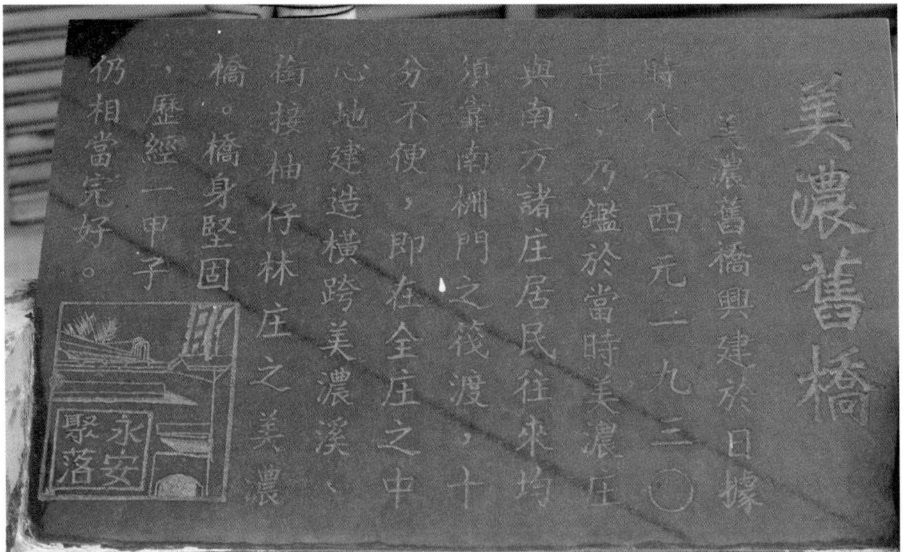

美濃舊橋旁的解說牌，簡述該橋的歷史。

其優美的面貌以及當時嚴謹的作工，目前已經被高雄市政府列為歷史建築。

這座完工於昭和年間的橋梁，完全體現了當年的建築工法與風格。昭和年間現代主義思潮的風行，其影響所及在建築上便是擺脫繁複朝向簡潔，而幾何圖形與線條成為最主要的建築語彙。至於在材料與工法上，隨著科技的進步，全橋都是採用鋼筋水泥。我們可以檢閱與美濃舊橋同時期完工的橋梁，像是完工於昭和八年的新北市三峽拱橋，以及昭和九年的臺中市大安區舊大安公路橋，都同樣受到此風潮所影響，而有著許多類似之處。

這座橋的連續欄杆，形成綿延的直立方格一路延伸，乍看之下並無太多變化。但仔細觀察，卻可以發現整座橋是每側八個形制相同的單位所構成，而兩個單位中間便是橋墩。每個單位的頭尾是較高與較寬的方柱，柱頭有方形的突起，柱身有兩道凹槽，中間則是較小而單純的方柱。為了除去銳利的直角，欄杆的扶手被修飾成長條的平面，不僅顧慮到行人的安全，更增加了美感。猶記第二次探訪此橋時，正值午後四、五點，自西方斜射的陽光，穿過連續的直立欄杆，共同形成一道綿延的明暗相間光影，彷彿引領人們進入「瀰濃」的舊日時光。

黃昏的陽光，穿過美濃舊橋連續的直立欄杆，共同形成一道明暗相間光影。

從舊橋走向永安街，也就是南側這頭，在橋的入口處還做了左右兩側向外側延伸的半弧形欄杆。這樣特殊的表現手法，在日治時期的橋梁似乎有跡可循，遠在臺中市的中山綠橋，在靠近火車站的一頭，也修築成向外擴張的八字形。只是前者是以弧形呈現，後者則是與橋身約成四十五度的直線。只是不管形狀如何，這樣的修築方式，使得原本剛硬的建築物，宛若化身為一個張開雙臂的人，歡迎你走過這座橋。

這座橋在施工及技術上有其獨特之處，如果站在新橋上看舊橋，你會發現兩側較低，中間較高的弧形橋面。橋梁主體置於混凝橋墩之上，而橋墩則是呈現倒「U」字型，有助於美濃溪水的分水處理，反映出當時對橋梁設計之相關技術及智慧。歷經歲月的考驗，舊橋仍然保持良好的狀態，足見當時在材料的選用以及施工態度，必定都相當用心。

舊橋二、三事

不少詩人、畫家都喜愛在橋上尋找創作的靈感，生於日治時期明治三十四年的日本當代的水彩大師級人物——不破章先生，在民國六十年代由日本來美濃長時間寫生連續十年，據說他最喜歡寫生的地方就是這座美濃舊橋，也留下不少作品。不破章先生在臺灣的朋友和子弟眾多，不少畫家來到這座舊橋，都不禁想起這位大師的風範與作品。

橋頭一端修築成以弧形，宛若一個張開雙臂的人，歡迎過橋的行人。

只是隨著經濟的發展，舊橋逐漸負荷不了與日俱增的車流，鎮公所在民國九十三年時，在兩側橋頭各設置了一座石猴雕像，石雕的作者林有福先生是美濃人，據聞是非常具有天分的素人藝術家。雕像下方並立碑說明。該石碑名為「保橋護童碑」，碑文中提到舊橋橋面較窄，在新橋完成後仍舊有汽車通行其上，但卻因為學童騎車經過橋上與大型車輛會車時，造成險象環生。所以南側的石雕是母猴抱著小猴，隱喻了「護童」之意。這樣巧妙地的作法，不但避免只是粗糙的立牌禁止汽車進入，更能有效的阻絕大型車輛通行。而南北兩端的石猴出自名家之手，增添了舊橋的藝術品味。

相較於三峽拱橋成為單線通車的橋梁，行走在橋上，迎面而來是快速的車輛，喇叭聲、引擎聲，還有刺鼻的廢氣，讓人走來不免心驚膽跳，只想著趕快走完。美濃舊橋則轉型為只供機車、腳踏車及行人使用的橋梁。那天在美濃橋上漫步，巧遇一位姊姊騎著腳踏車，後頭還載著一個小弟弟，他們一邊緩緩前進，一邊還有說有笑。

舊橋老街客家情

很多人來過美濃，但恐怕都是來去匆匆，如果可

「保橋護童碑」上母猴抱著小猴的石雕，隱喻了「護童」之意。

以騎腳踏車是很棒的選擇，若能安步當車，更能深刻體驗美濃的美麗、寧靜與古鎮特殊的氣味。尤其是藉著美濃舊橋，往北可以走進永安老街，享受幽靜歲月；往南走到菜市場，感受客家人獨特的飲食文化與生命熱情。

當然也可以駐足橋上四處張望，遠眺美濃溪。或許我們沒有繪畫大師那份天賦奇才，但是卻都能感受到美濃的美是那麼「濃」。

美濃舊橋 小檔案

名稱	美濃舊橋	**跨越溪流**	美濃溪
竣工時間	日治昭和五年（民國二十九年，西元一九三〇年）	**主要建材**	鋼筋水泥
所在位置	高雄市美濃區（美濃國小附近）	**周邊景物**	永安老街、錦興藍衫老店
備註	高雄市歷史建築		

九、鐵路與公路並行的橋梁

筆者猶記民國九十三年全家到紐西蘭自助旅行，當時在南島西岸靠近葛雷茅思（Graymouth）的公路上，看過幾座公路與鐵路共線的橋梁，當時還覺得新奇而獨特，想不到這樣的作法早在數十年前的自己家鄉——臺灣，就已經出現過。

這種鐵路與公路共用橋梁的作法，某種程度凸顯了早年臺灣交通流量還不是非常龐大時，一種過度與折衷的辦法。如今這樣的橋梁早已不復存在，她們卻是臺灣那段為了節省財力、物力與兼顧經濟起飛時光的見證。

‖ 臺中市大安區的舊大安橋，說明臺中海岸地區發展的過程，海線鐵路、汽車可通行的公路，都與她有關，更加帶動了大甲地區的再次繁榮。

‖ 西螺大橋應該是許多臺灣人心中永遠的第一長橋，這座跨越濁水溪的橋梁，歷經十幾年的延宕才得以完工，也正式打通臺灣南北公路交通的任督二脈。

舊大安橋

海線與山線的恩怨情仇

臺中一帶境內的火車路線除了舊山線縱貫鐵路外，還有一項特色，那就是與山線平行的海線鐵路。早在縱貫鐵路建築前，日治時期的總督府就曾經在竹南至彰化間，規劃了山線與海線兩條路線，最後經過評估擇定興建山線。日治時期明治四十一年（西元一九〇八年）縱貫線通車後，經過一段時間的營運，逐漸發現山線鐵路因為坡度甚陡，彎道又大，導致火車經常需要加掛「補機」，甚至必須在鐵軌上撒鹽以增加摩擦力，火車才能爬上陡坡。這樣的情況，不僅不利於貨物的運輸，且造成行車時間的延誤。

為了改善縱貫線山線路段的運輸瓶頸，當時的臺灣總督明石元二郎決定在地勢平坦的竹南至彰化間，另外興建海線鐵路。然而此舉引起山線沿線民眾，尤其是臺中地區居民的抗議，最後在明石總督表示不惜以武力壓制下，工程才順利進行。西部海線鐵路於大正七年（民國七年，西元一九一八年）開始測量，大正八年動工。歷經三年的施工，大正

十一年（民國十一年，西元一九二二年）十月十一日海線全線方通車營運，並於十月三十日在通霄站舉行通車典禮。

然而，正如同舊山線上的大安鐵橋，位於大甲鎮北邊，橫跨大安溪南、溪北的舊大安橋，在海線鐵路的營運中，也扮演了關鍵的角色，更是國內唯一保有鐵、公路共線，且共用橋墩的橋梁。而且較之舊山線，尚存有魚藤坪斷橋、內社川橋、大安溪鐵橋與大甲溪鐵橋，舊大安橋石砌橋墩卻是海線火車僅存的碩果。

海線火車流浪記

海線火車雖不若舊山線，有著令人印象深刻的溪谷、山洞、鐵橋，但就像所經過之處皆是起伏不多的平原，卻也因為如此，平坦順暢的海線通車後，一度正式取代山線成為縱貫線。只是當時臺中州下轄的臺中市已具都會型態，且山線沿線人口較多，後經臺中地區民眾奔走，應將山線改回正線的陳情，終於在大正十四年（民國十四年，西元一九二五年）以後，演變成客運列車多走山線，貨物列車多走海線的安排。正因為如此，對於像筆者這樣住在臺中市週邊的人，多數對於海線鐵路感到陌生。

小時候跟著父親搭火車南來北往時，父親都會特別提醒，當要搭火車回家臺中時，記得要看清楚是不是經由山線的火車，否則就回不了家了。而印象中自己有很長一段時間未曾搭過海線火車。直到為人父，我也把這樣的常識告訴我的孩子，但是因為他們外出以搭乘私家轎車為主，其實連搭乘山線火車都很少有機會。

於是有一天，我特地帶著兩個當時還在讀小學的兒子，從追分站搭海線火車北上。而那也是筆者第一次搭乘海線火車，因此一切經驗也都很新鮮，較之於山線的景觀，海線鐵路沿線雖然較為荒涼，但視線卻也較為開闊，搭著火車晃晃蕩蕩，讓人覺得這是一條適合流浪的路線。我們選擇了據說是臺

竣工於日治時期昭和九年（民國二十三年，西元一九三四年）的舊大安橋。

灣西部鐵路，距海最近的新埔車站作為目的地。到了新埔車站，還無暇參觀這座自日治時期就留下來的木造車站，剛步出火車站就看到臺灣海峽就在眼前。

我領著兩個孩子往南走到秋茂園，一邊走我一邊告訴他們，這是爸爸小時候遠足會來的地方，他們則是一副難以置信的表情，因為這裡沒有速食店，更沒有電動遊樂設施。那時候已經是深秋，當我們重新走回新埔站，冷颼颼的海風不斷襲來，孩子開始喊著肚子餓，但是附近卻遍尋不著半間商店。這在號稱便利商店密度全世界最高的臺灣，實在是難得的經驗。

後來在新埔火車前面的水泥護欄上看到一個往北的指標寫著：「最近的便利商店一公里」。我們只好選擇搭下一班車到苑裡「大快朵頤」，而心中竟有一種又重新回到人間的感覺。

歷史鏡頭下的舊大安橋

舊大安橋是國內唯一保有鐵、公路共線，且共用橋墩的橋梁。鐵路舊橋的部份於日治時期大正九年（民國九年，西元一九二〇年）開始興建，二年後於大正十一年完成。其後因為海線鐵路已無法滿足大甲地區的交通需求，所以公路橋乃於日治時期昭和九年（民國二十三年，西元一九三四年）十月竣工，許多大甲地區老一輩的人們，回憶當年的省道公路橋與鐵道橋並列，行走其上常常形成「兩車競速」的奇觀。

而根據一些文獻和對耆老的訪談，當時在橋的西側還設置一條供行人通過的棧道。這條棧道後來在舊大安橋的一些探討中，並未特別被提及，但是以筆者的認知，當時多數百姓並非都有機會利用汽車或火車的運輸，因此經由便道徒步走過大安溪，恐怕是更多人賴以過橋的方式，至少免去了船渡的危險。

大安溪舊橋的竣工與海線鐵路的通車，對於連接臺灣南、北的交通有非常重要的貢獻，也使得日治時期的大甲又重新活絡起來。大甲在道光七年即已建城，但是到了日治時期，大甲行政歸屬與街市卻一直沒有明確的地位。直到海線縱貫鐵路通車後，海線縱貫鐵路在架設大安與大甲溪上的橋梁時，相關工程與兩岸堤防皆以大甲街為中心，而隨著海線鐵路的完工，並配合當時的市區改正，大甲火車站與週邊更是煥然一新，大甲的運輸與商業又逐漸復甦。再者，原本遭大安溪阻隔，屬於大甲街役場管轄的日南，卻也因此成為大甲以北居民出入與農產運輸的門戶。

不過隨著臺灣經濟的起飛，位於南北樞紐的大甲地區交通運輸需求與日俱增，大安溪舊橋逐漸無法滿足不斷提高的交通流量。民國六十一年，公路單位於舊橋的西側五百公尺處新建「大安橋」，新橋直到民國六十四年十月竣工，全長九百八十五公尺，連接拓寬的公路，形成新臺一線。

到了民國七十一年臺鐵展開沿線老舊橋梁改建工程，民國七十三年在舊橋東側興建新的鐵路橋，民國七十六年新橋竣工後，隨即拆除舊鐵路橋。而舊公路橋則因為經費不足，而逃過拆除的命運。此後，身形優美的舊大安橋，在為海線民眾服務約六十年後，正式卸下其重責大任。

細看舊大安橋

就筆者的瞭解，日治時期雖然橋梁的材料與工法，較之過去有較為長足的進步，但是大體上而言，明治與大正年間，大型橋梁仍舊採用石拱糯米橋，新式的鋼筋混凝土到了昭和年間似乎才逐漸普及。

事實上，除了具備運輸功能，全長九一六公尺，

左邊是舊鐵路石砌橋墩；右邊是舊公路橋水泥橋墩。

共有四十七座橋墩的舊大安橋，更具備特殊建材、造型及工法。當我們細細品味保留下來的公路橋，會發現她體現了昭和年間現代式樣及語彙的建築顯學。橋體兩側的護欄，採用每一跨距由四根端柱與端柱間的欄杆所構成，端柱比欄杆稍高，但是整體而言較之於一般的橋欄杆高度明顯低矮。雖然沒有精美的雕刻或是花俏的造型，但是連續的修長馬蹄形鏤空，卻構成了綿長的景深，彰顯了昭和年間強調幾何線條的建築風格，因而顯得異常簡潔。當我們找出臺灣現在還保留下來，且完工時間相近的臺北三峽拱橋與高雄美濃舊橋，就會發現三者的欄杆扶手有近似相同的作法。

此外，根據文獻指出，大安鐵路舊橋的橋墩與橋臺的建築材料，外層為石砌、內填卵石混凝土的一種石工橋，但是從外觀上來看，宛若一整座的石砌橋墩。該橋墩所用石材，皆取自大安溪中的沙岩，石材質地優良，而根據臺中市鄉土史料一書中，大甲耄老羅先生，也證實了當時石材都是來自於大安溪上游的河床。所以即便到現在，我們湊近橋墩觀察，每塊均具有天然石材深淺不一的顏色，也使得四十七座橋墩，各自呈現出獨特的面貌。更難得的是在經過歲月的洗禮後，散發出溫潤飽滿的光澤。

從舊大安橋上看現今的海線鐵道。

所以除了具碩果僅存之稀有性，更是彰顯前人在建築材料選擇上，具備了環境保護與就地取材的深度哲思。

然而，大安溪雨季時的澎湃水流，在民國九十三年的七二水災中又讓人見識了其威力。這次的豪雨將舊大安溪橋的兩個橋墩沖毀，並且導致部分橋面陷落。靜臥在大安溪上的舊橋，又再次引起人們關注。不過這次是主管河川安全的河川局，基於安全考量，建議交通部公路總局臺中工務段，應將舊大安溪橋發包拆除。到了民國九十四年五月間，公路局為拆除大安溪舊橋而欲徵收河床農地，於大甲公所與農民進行補償協調會時，拆除大安溪橋的消息才正式傳開，引發地方人士的關切。

這座橋梁承載的不只是昔日過往的車輛，更重要的是鎮民對這座橋的珍貴回憶。所幸經過大甲鎮公所及地方民眾、文史團體的奔走，這座見證臺灣交通發展史的唯一鐵公路共構型式橋梁，在民國九十五年九月二十七日公告為縣定古蹟，而得以保住一線生機。

今天我們站在舊橋，會看到「三橋並列」的奇觀，東側是僅隔約二十公尺的鐵路新橋，每隔數十分鐘就會有一列火車疾駛而過，西側則是新建的臺

簡潔的扶手與欄杆，在歲月的雕琢下，更顯古樸。

一線公路橋，橋上車輛來往絡繹不絕。而我們所站的地方，是大安溪舊公路橋，橋身也顯得斑駁而破敗，橋梁的接縫處也危機處處，而鐵路舊橋僅剩石砌橋墩。

鐵路舊橋橋墩所用的砌石，皆來自於大安溪上游的河床

如果可以將這條舊橋加以整修與再利用，人們可以踩踏在舊橋上，當身邊的火車呼嘯而過時，或許可以全力加速，重溫老一輩人們那種和火車競速的刺激。當然也可以散步於橋上，欣賞夕陽的彩筆所暈染的鐵砧山與舊日的石砌橋墩。而喜歡騎腳踏車的人們則可藉由這條橋，穿梭於大甲老鎮與日南木造車站之間。

古鎮、舊橋、老車站

在那趟帶領孩子搭乘海線火車的七、八年後，一個初春午後，我踽踽站在舊大安橋上，想起那個「最近的便利商店一公里」指標，似乎是那趟海線火車最深刻的印象，而舊大安橋若能保存與修復，這條海線鐵路不只是一條適合搭火車流浪的路線，可能更適合結合火車與單車，自我放逐於古鎮、舊橋與老車站所建構的時空。

（原文刊載於歷史文物月刊九十九年五月號，本文經過補充與修改。）

舊大安橋 小檔案

名稱	舊大安橋
竣工時間	日治昭和九年（民國二十三年，西元一九三四年）
所在位置	臺中市大安區（臺一線大安溪河段）
備註	臺中市定古蹟
跨越溪流	大安溪
主要建材	RC 結構
周邊景物	日南車站、鎮瀾宮、苑裡老街

西螺大橋

兒時遠足朝聖之地

筆者是五年級生，還記得國小時候的遠足，即便是步行到學校附近的公園或國中，那都是一件可以興奮到整晚睡不著的事。而第一次搭車遠足，那更是一件不得了的大事，猶記那次遠足的目的地是臺南，途中還特別去參觀西螺大橋。

然而，現在回想起那趟遠足，許多事情都已褪色，大概還記得一路暈車，還有一顆捨不得吃完的紅色大蘋果。至於參觀西螺大橋的印象，只隱約記得不是現在大紅色的橋身，只是到底是什麼顏色也已經完全淡出記憶。

孩提時代，總是那樣無憂無慮，生活中只要能夠有吃喝玩樂，其他的似乎都已經不重要。至於「哪座橋曾經是亞洲最長的橋？」、「哪座橋接通臺灣南北的公路交通？」、「哪座橋代表了臺灣近代發展的歷史縮影？」等問題，除非是出現在考試卷中，否則一個十來歲的小朋友，怎麼會去記住或思考這些問題。

然而，說來好笑，民國六十五年前後，搭車從臺

西螺大橋曾經是亞洲第一長橋。

中到南部，「特別」去參觀西螺大橋的邏輯應該是不存在，因為在那個高速公路還未完工的年代，除了取道西螺大橋，恐怕別無他途，而那些當年我壓根不會去理會的問題，現在卻急著想要找到答案。

跨越濁水溪的阻隔

濁水溪是臺灣最長的河流，臺灣府志中曾經出現「清水溪、濁水溪，三疊溪……等」的文字，這應該是文獻中首度有濁水溪的名稱出現。臺灣府志中更指出其下游分為虎尾溪，以及東、西螺溪。這條貫穿臺灣中西部的巨龍，河面遼闊、河水狂野，十六世紀歐洲人所繪之臺灣地圖，甚至因為寬闊的濁水溪，而誤將臺灣分為南、北兩島。濁水溪每年到了夏季時，總是四處氾濫，特別是下游的河道更是經常遷移改道。有文獻指出濁水溪下游流路的變更，從康熙至光緒約二百年的歲月裡，河口由南向北遷移了四十五公里之多。

到了日治時期，日本的技師們在明治四十四年（西元一九一一年）發生大洪水後，為了免於濁水溪平原遭受洪水之害，於西螺溪實施人工築堤，將東螺溪、虎尾溪的水流封阻，引濁水溪主流河水束於西螺溪，也就是目前所見西螺大橋下河床如此寬

大日本製糖會社在西螺、虎尾一代的糖業鐵道曾經非常綿密。

大的原因。也正因為濁水溪的河床寬大、濁浪滔天，造成雲林與彰化兩地的嚴重阻隔，加上河水又挾帶著大量的泥土，致使大型船隻無法行駛，居民只能利用竹筏渡河。而冬天河水枯竭，河面無水可通行，但是每每夏季豪雨一來，竹筏在洶湧的河水中險象環生，生命安全更受到嚴重威脅，各方人士因而多次向殖民政府反映建橋的需求。

西螺大橋尚未通車以前，西螺一地的渡口叫做「口店」，這裡也是西螺早期的發跡之處，渡口旁有一座土地公廟，裡頭供奉的土地公、土地婆與文武將軍，他們也成了保佑行旅往來平安的重要神明。這個渡口後來也因為西螺大橋的通車，逐漸為人們所淡忘，所幸土地公廟仍舊存在，但那段搭乘竹筏過河的記憶恐怕只有存在極少數耄老的腦海中。

此外，糖業鐵道在日治中後期時發展達到巔峰，在雲嘉南一代更是盛行，但是這些糖鐵的經營權由所屬的製糖株式會社各自營運，有些不同的製糖株式會社彼此之間會進行聯營，但是也有近在咫尺卻各自為政。而大日本製糖會社雖然在西螺設有車站，與北邊的鹽水港製糖株式會社所屬的溪州糖廠緊鄰，卻也因為濁水溪的阻隔，而始終無法相通，因此殖民政府也曾大力推動將兩岸糖鐵連結的計畫。

然而，只是地方人民的交通需求，或是糖鐵的經濟利益，可能都還不足以構成總督府興建大橋的決心，真正的催化劑恐怕是戰爭策略的考量。

日人在臺的最後一簣

看過電影「一八九五」的人，應該會發現乙未戰爭初始，由吳湯興等人所率領的客籍義軍一開始還能夠保持優勢，除了是對於地形的熟悉外，這些非正規的游擊隊之所以能夠戰勝高度組織化的日本軍隊，還有一個原因，恐怕是因為臺灣的許多道路狹小且路面品質不佳，導致日軍無法藉由現代化的車輛，將大批的軍隊與輜重運送至目的地。因此日本人對於臺灣的統治還未正式展開，就已經領教臺灣交通條件之惡劣，因此還等不到征服全島，便已經派遣工兵部隊著手修建道路。這也是今天臺灣縱貫線省道附近或部分道路被稱為「陸軍路」的由來。

因此日本佔領臺灣後，縱貫臺灣南北交通路線之完成，乃是殖民政府列為統治與開發臺灣經濟資源的首要工作，並且將臺灣做為達成「南進化」政策的基地。

相較於縱貫鐵路，縱貫公路的修建並不順利，特別是到了日治後期，各種物資嚴重缺乏，加上臺灣第一大河濁水溪的阻撓，日本工程師在面對濁水溪時卻沒有十足的把握。然而，基於戰略、經濟等需要，總督府對於建造跨越濁水溪的橋梁絕對勢在必行。

日本政府經過多次的勘察地形，選定溪洲跟西螺交接的流域，是最適合建造橋梁地點。昭和十二年（民國二十六年，西元一九三七年）總督府開始發包，興建這座臺灣交通史上最困難的橋梁。一開始為橋墩的建設部分，據一些文獻指出，當時是先以鐵條綁紮出橢圓形空心板模，接著灌漿後再進行抽沙以及增加重量，使得板模因重力而自然下沉，藉由如此反覆的施作，使橋墩的基樁深度約達二層樓高，最後於昭和十六年（民國三十年，西元一九四一年）共完成三十二座橋墩。其後因珍珠港戰事與中日戰爭而停頓，此外原本運送建構橋面建材的船隻，也被美軍戰機給擊沉。而隨著第二次世界大戰結束，日軍戰敗，日本政府撤離臺灣，這座大橋最後未能完成，而殖民政府引以為傲的在臺交通建設成就，也因而「功虧一簣」。

也是中、美合作下的產物

民國四十年以前出生的人，應該都聽過並實際接受過所謂的「美援」，在那個物資缺乏的年代，「美援」確實協助人們渡過生活上不少的難關。而最為人所津津樂道的，就是在「窮則變，變則通」的善用物資哲學下，當年有不少母親利用美援的麵粉袋，裁縫成小男生的內褲，而正面竟然是「中美

西螺大橋的鋼材是由美國鋼鐵所製造。

合作」的握手圖案。這樣的過往如今聽來莞爾，卻也帶點心酸，只是「中美合作」的字樣，竟然也出現西螺大橋的桁架上。

民國三十四年日本殖民政府離臺後，濁水溪河床上那三十二座橋墩依然孤立著，而兩岸的居民或往來的商旅仍舊只能望溪興歎。而就當時全臺灣南北的公路交通狀況而言，西螺大橋更是臺灣南北公路貫通的最後一塊拼圖。

到了民國三十八年，西螺地方的士紳組成「西螺大橋促進完成委員會」，開始向各級政府陳情完成大橋的重要性與迫切性。然而「巧婦難為無米之炊」，由於完成大橋所費不貲，因此始終欠缺臨門一腳。一直到民國三十九年韓戰爆發，美國深感臺灣具有軍事上的戰略重要性，而大橋的完成更能達到經濟與軍事的價值與功能。據當時到臺灣來考察的工程師到現場探勘看過之後，認為橋墩都已完成，那麼橋面的部份應該是沒有太大的問題。當時的杜魯門總統促成美眾議院通過援助美金一百一十萬，再由省政府配合撥款六百萬元。

這座工程艱鉅、造價昂貴的橋梁，終於在民國四十二年一月二十八日正式通車，當然就地方的居民而言，他們只是要完成一個安全渡河的基本願望，奈何歷經十二年的延宕與統治者的改朝換代，最終居民竟仍然是搭著「戰略」考量的順風車，才能不再心驚膽戰的渡過濁水溪。

如今大橋艷紅色的橋身，非常的醒目與顯眼，但是卻和兒時參觀大橋的記憶不甚吻合。直到現在，才從一些文獻獲悉大橋剛完成時，橋身是鐵灰的顏色。這樣暗沉的顏色雖不起眼，但卻道出當年時空的脈絡。原來，鐵橋剛完工時，還處在戰爭氛圍濃厚的年代，基於國防的考量，大橋才被漆上與濁水溪滾滾泥水類似的保護色，而達到欺敵的效果。

不僅如此，橋上的崗哨雖然已經廢棄，甚至被多事者用油漆寫上斗大的字，但是還是可以嗅到那些許的肅殺氣氛，在那個反共復國的年代，舉著槍的衛兵戍守大橋兩端，似乎在昭示大家，這座大橋不只是一座提供往來功能的橋梁而已，還具備了國防上的價值。

西螺人眼中閃爍的光芒

現在，我們要越過濁水溪，已經有許多的新橋，但是西螺大橋華倫式桁架的造型、大紅色的橋身卻使她仍舊令人難忘。

華倫式桁架在糖鐵中的虎尾溪鐵橋北段也有一

繁複的花梁構成複雜但又有規律的圖案。

段，這種藉由上弦構材、下弦構材與斜構材，形成左右兩側各四個相互對稱的三角形鐵架所構成的鋼梁，乍看之下非常繁複，若仔細看每座桁架，就會發現深具規律之美。站在橋頭望向橋尾，連續的桁架與多層次的鐵條，彷若無限延伸的場景，看不到盡頭何在，勾起人們深邃的回憶與無窮的憧憬。

西螺大橋全長將近兩公里，寬度七．三公尺，民國四十二年剛完工時，已經是遠東第一大橋，就算是在全世界中也僅次於舊金山的金門大橋，而成為世界第二大橋。據說通車典禮當天，西螺鎮湧入十多萬人，全都是為了目睹這深具歷史意義的一刻。而有很長一段時間，南來北往的旅客，皆選擇西螺做為往來臺灣南北兩地的中繼站，旅客會在西螺過一夜，隔天再繼續接下去的旅程。西螺街上的商業與店家繁盛一時，也因此再現清代「一府、二鹿、三艋舺、四西螺」的榮景，商店、旅社、食堂構成了西螺車水馬龍的景象，據說連酒家、茶店也跟著興盛起來。

此外，日本人當年欲藉由大橋完工，以架通濁水溪兩岸糖業鐵路的想法，也在西螺大橋完工後實現。臺糖在大橋西側鋪上五分鐵軌，因此可在橋上看見火車與汽車同時奔馳於橋上的畫面。不過，後來隨著糖業的沒落，以及橋上光滑的鐵軌屢屢造成摩托車騎士滑倒受傷，甚至被封為「催命鐵道」，所以到了民國六十八年鐵軌以妨礙交通為由而被拆除。

隨著民國六十六年介於中沙大橋與西螺大橋之間的溪州大橋完工後，連接西螺大橋的公路降為縣道，而西螺大橋也轉為供小型車、機車、自行車通行的便橋，暫時卸下其承擔三十多年的重責大任。民國八十六年，西螺大橋功成身退，之後也出現大橋老舊，應予拆除之提議。消息一傳開，西螺與溪州兩地的居民群情嘩然。對於這種罔顧歷史與文化，只求短視近利的便宜行事，的確教人難以想像。至於這一座曾經長達十數年來，是臺灣公路往來南北的唯一橋梁，也是能同時回顧臺灣走過日治、美援時代意涵的交通建設，如果就只因為這樣一句「安全堪虞」而加以拆毀，那麼被毀滅的恐怕不是只有一座橋，而是那些重要的歷史跡證，以及許多人們生活中情感的依附與榮耀的表徵，當然她更是西螺人對家鄉的印象圖騰與共同記憶。

然而，所謂「危機就是轉機」，因為大橋的拆除的消息，促使了西螺人的危機意識，進而成立了「螺陽文教基金會」，藉由討論大橋存廢的議題以及永續發展的經營，結合了民間與政府的力量，開始辦理西螺大橋文化節，而雲林縣與彰化縣政府皆已將西螺大橋列為縣定古蹟，至此大橋有了明確的定位。

在橋上吹吹風

西螺大橋當年的完工，對臺灣人而言或許是某種長期以來失去自尊的一種補強。因此成為當時政府重要的對外文宣代表，也登上了當年小學的課本，更因而在民國五十二年和民國五十七年發行的臺幣十元鈔票正面右側，皆印有西螺大橋雄偉桁架的圖像。

當然西螺地方上人們更以這座橋為榮，自民國三十五年創校的西螺國中，在其校歌中的第一段就是「濁溪浩蕩富螺陽，名橋悠長揚四方」，可見大橋在西螺人心目中的地位。有些耄老在訪談中則提到，當時西螺鎮上的國小，還以大橋為圖騰繡在制服和帽子上面。

筆者也親自訪問了一位從小在西螺長大，已經退休的小學校長廖先生，廖先生提及其就讀西螺初中時，在炎熱的夏天常常跑到橋墩與橋面間的夾層，享受濁水溪徐徐的涼風；每當糖鐵小火車經過時，他和同學們就會和火車展開賽跑，他並提及印象中在大橋南邊的就省道上還曾經設有過橋收費站。然而，更重要的是，言談之間可以清楚地感受他對於西螺大橋的深刻回憶與感受

現在的西螺大橋週邊，已經被闢為休閒的園區，特別是傍晚時分，更是成為當地居民和遊客聚集的地方。站在橋邊欣賞著濁水溪的落日，當陣陣涼風吹來，我也明白大橋為什麼是西螺人的最愛。

（原文刊載於臺灣月刊九十九年四月號（電子版），本文經過補充與改寫。）

西螺大橋　小檔案

名稱	西螺大橋
跨越溪流	濁水溪
竣工時間	民國四十二年
主要建材	水泥橋墩、鋼梁
所在位置	雲林縣西螺鎮
周邊景物	延平老街、振文書院、福興宮、崇遠堂（西螺「張廖」家祠）
備註	雲林縣歷史建築

十、打通古圳水脈的水橋

在鄉間的田埂散步，隨意就可看到或大或小的圳溝，偶爾也會發現大、小水圳交會之處，小水圳成了一座小橋，橫跨大圳溝之上而過。

一般而言，講到橋這個建築，相信多數人都會認為是提供給人們渡河之用，但是橋在連接兩岸的角色中，卻不見得只限於提供給人們使用而已，更特別的是其服務的對象竟是橋梁常常跨越者——河流中的河水。

此種橋俗稱為水橋、水圳橋或過水橋，正式的名稱則為渡槽，這些水橋多數為水圳或水利設施的一部分，藉由水橋通過河谷或是其他的水圳，達成農業引水灌溉的目的。

|| 臺中市后里區泰安水橋屬於后里圳，像翠綠山谷間的一彎彩虹，引導后里圳路流向后里臺地。

|| 南投縣國姓鄉五棚坑溪水橋是此地一條北圳圳路的一部分，其巨大身形跨越了五棚坑溪谷，使得來自北港溪的河水滋潤了北港村的農田。

|| 高雄市美濃區美濃水橋看起來就和一般的橋沒有兩樣，但不只獅子頭圳藉著她跨越美濃溪，更是一座可通行人與牛車的橋梁。

泰安水橋

不是給人走的橋

一般而言講到橋這個建築，相信多數人都會認為是提供給人們渡河之用，但是橋在連接兩岸的角色中，卻不見得只限於提供給人們使用而已，更特別的是其服務的對象竟是橋梁常常跨越的河流中的河水，因此一般都名之為水橋，這些水橋乃是水圳或水利設施的一部分。

位於臺中市后里區的泰安車站，在經歷過這幾年的觀光行銷後，知名度愈來愈高。然而，當觀光客把焦點都集中在車站本身的時候，卻忽略了車站南邊一座代表臺灣水圳開發歷史的橋梁。從泰安車站後方山壁上的小徑，循著后里圳往南步行不久，便可看到一座拱圈造型比例優美，遠望猶如一道彩虹，且頗具歷史光輝的水橋——泰安水橋。

水圳回憶——外婆家印象的一頁

民國六十年代，筆者還是個小學生，從小在臺中市區長大，最喜歡在寒暑假的時候到鄉下外婆家住一段時間。從馬路進到外婆家，還要走一段

有著造型比例優美拱圈的泰安水橋，架通了山谷兩岸。

田埂小路，臨近外婆家的小路，開始出現一長排株槿綠籬，綠籬下則是一條小圳溝。這條圳溝的水雖稱不上清澈，但是卻充滿生氣，水圳旁長了許多野花草，圳溝中偶有小魚悠游，而夏日黃昏坐在圳溝旁踩水，是我外婆家美麗回憶的重要片段。

當然長大後才知道不少五、六年級生兒時回外婆家經驗，是臺灣五十年代經濟發展政策下，鄉下人們向都市集體遷移下的產物；那個讓你在夏日中消暑的水圳，竟然是臺灣兩、三百年來農業生產上，不可或缺的灌溉水源。

水圳與水利設施的興築，可說是臺灣開發的過程中，一頁非常重要的歷史。水圳從最早的明、清兩代屬於私人出資，到了日治時期則是推動「埤圳公共化」政策，歷經光復後一直到現在的「農田水利會」，更可以看到水圳與水利設施，即便是歷經改朝換代，但都受到相當的重視。而這些水圳，更使得臺灣的農業從粗放的旱作轉型為精耕的水田；農人與農業收成也自原本的看天吃飯，轉變為人可勝天。

從灌溉蔗田到工業用途

自大安溪南岸引水的后里圳，潤澤了后里臺地的農作物。

不管水圳為私人所有，或者是官方主導，這些圳溝始終是臺灣農業的命脈。在傳統的農業社會中，水圳的興築對於居民的生活有著舉足輕重的影響，舉凡日常生活的飲水、灌溉用水、人畜盥洗等。

后里本身屬於臺地的地形，因地勢較高於南北兩側的大甲溪與大安溪，因此灌溉水源取得不易。而后里鄉的發展過程，和歷年來水圳的開發有密切的關聯，清代起即有劉姜圳、欽差圳、王厝圳與內埔圳的開鑿。根據后里鄉誌的記載，日本人在明治四十二年（民國二年，西元一九〇九年）十二月開始開鑿修築后里圳，自大安溪南岸引水，圳路總長約二十公里。到了大正二年（民國二年，西元一九一三年），日本人在后里成立蔗苗養成所，后里圳的角色與功能益形重要，並於同年成立「后里圳水利組合」，職司后里圳的管理。

然而近年來因為臺糖的轉型，后里原來大片的蔗田，都已經轉為中部科學園區的用地，雖然后里圳的河水仍舊豐沛，但卻不再是滋養甘蔗，而是成為重要的工業用水水源。

山谷中的一彎彩虹

由於臺灣地形山多河谷多，這些遍佈各地的水圳，圳路所及之處必須克服這些地形的阻隔，在施工的過程中，先民發揮了智慧與巧思，利用天然的地形落差，或是各種工法與技術，讓水圳穿山越嶺，才能引水入田。而臺灣更因為地形高低起伏，有些水圳甚至得跨越河谷與溪流，而這種工法一般俗稱為水橋或過水橋，可說是水圳施工技術中最具特色者。

水橋在水利工程的正式名稱叫做渡槽，閩南語習慣稱之為「水筧」或「木梘」。「水筧」名稱的由來是因為早期「渡槽」都是以木頭為材料，而除了以木頭，有些則就地取才將長麻竹劈成兩半，然後除掉竹節來送水。著名的瑠公圳橫跨景美溪，最早時就是架設平底的木梘作為水橋，但卻遭居民通行於其上，最後因此而破壞。到了日治時期，因為建築技術的進步與水泥運用，渡槽幾乎都改為鋼筋混凝土，槽身多為厚壁及版梁結

構，而為了增加其承重，則採取類似拱橋的原理，卻也增添了外型的美感。

后里圳正是因為其導水路沿線多為山麓與丘陵，正如同鄰近的舊山線鐵道一般，所以其特色之一就是「遇山鑿洞，逢水架橋」，但是事實上也是臺灣許多水圳的寫照。要前往泰安水橋，必須循著車站東邊的小徑往南行，而這條步道的起點，就是后里水圳穿出山壁的隧道，隧道的圓拱以石塊砌成，具備樸實的美感。

沿著水圳往南前行，緊鄰左手邊就是水源豐沛的后里圳，右邊腳下不遠處則是舊山線鐵路，約莫三、四百公尺後就是一處山谷，泰安水橋就是跨越此山谷的渡槽，於大正二年架設完成，至今已有將近百年的歷史。

日本人在臺灣的建築發展過程中，特別是橋梁的建材，使用鋼筋混凝土直到昭和年間才逐漸普遍，根據文獻的記載，第一座的人行鋼筋混凝土橋梁，由法國園藝家蒙耶在西元一八七五——一八七七年間完工，距泰安水橋的完工也不過三十幾年。當我們環顧此地地形崎嶇，在當年又缺乏大型機具的情況下，完工於大正初年的泰安水橋，就已經採用鋼筋混凝土的建材，可說是非

后里圳穿出山壁的隧道，隧道的圓拱以石塊砌成。

常先進且充滿挑戰的一件工程。泰安水橋和臺灣現存的幾座水橋相比，長度雖然不及，但是比例合宜、造型簡潔，不但沒有鋼筋水泥的生硬，反倒顯現出幾分優雅。

更值得一提者，這座水橋前後歷經兩次大地震，第一次是日治昭和十年（民國二十四年，西元一九三五年）四月二十一日的墩仔腳大地震，這次的地震造成中部地區的重創，泰安水橋橋臺下陷並龜裂，日本政府在不改變水橋原貌的策略下，採取「修補」的方式，隨即展開補強工事，並於隔年一月二十五日全部峻工。第二次則是民國八十八年的「九二一」大地震，所幸這次的天災，並未造成泰安水橋的明顯損害，也再次讓人見識了當年良好的施工品質。

猶記第一次探訪水橋，是多年前在一個偶然的機會中，在泰安車站巧遇當地社區的義工，他很熱心的帶領我們從泰安車站後方，循著不甚明顯的路徑，穿過及膝的雜草，來到泰安水橋下方。此處四周林木茂密，除了蟲鳴鳥叫，就是風聲與水滴聲。根據世居當地的潘老師表示，水橋週遭的地形是一處山坳，下雨天的時候，雨水順著山勢往下流，猶如一座小瀑布，因此當地人都習慣

源源不絕的大安溪水，藉由泰安水橋流向后里臺地。

稱之為「水滴崁」。附近林相優美，又有水可玩，更是許多現今老一輩泰安人的兒時樂園。

最近一次到水橋探訪，站在水橋處往下俯看，卻是一幅令人不敢領教的景象。據聞相關水利單位為了加強此地的水土保持，把不少林木伐除，還加上了一些高聳的水泥護堤，因此也讓過去水橋下方山谷的優美林相遭到破壞，甚為可惜。

繼續隱身山林之間

相較於泰安車站或大安溪鐵橋，遊客較少造訪泰安水橋，筆者也發現整個泰安鐵道文化園區，也幾乎找不到關於水橋的指標或說明，或許也是擔心過多的曝光帶來的破壞吧。

如果遊客也想見識這將近百年歷史的水利工程精品，那就得看你是否有這份機緣與持續用心的尋找。否則，就讓泰安水橋仍然默默的把源源不絕的大安溪水送達后里臺地吧。

（原文刊載於臺灣月刊九十九年六月號［電子版］，本文經過補充與改寫。）

泰安水橋 小檔案

名稱	泰安水橋	跨越溪流	不知名山谷
竣工時間	日治大正二年（民國二年，西元一九一三年）	主要建材	RC 結構
所在位置	臺中市后里區泰安里，舊山線舊泰安站旁	周邊景物	舊泰安車站、大安溪鐵橋、中社花市
備註			

五棚坑溪水橋

隱身在巨人身影之後

南投國姓有一座鼎鼎大名，也是國內唯一被列為古蹟的糯米橋，她也是前往蕙蓀林場的必經之地，許多遊客都會在此停留，或是拍照或是稍做休息，接著就趕往林場。

糯米橋的響亮名聲，使得村內的五棚坑溪水橋鮮為人知，彷彿被籠罩在巨人身影之後。而值得一提的是，沿著五棚坑溪水橋所屬的北圳旅行，還可以親身領略臺灣水圳的開發歷史縮影與各種工法。

北港村與北圳

水圳與水利設施的興築，可說是臺灣開發的過程中，一頁非常重要的歷史。特別是幾條有名的水圳，更是對於臺灣的農業有著難以言喻的貢獻。像是清代曹瑾所開闢的曹公圳，日治時期八田與一所設計與修築的嘉南大圳，這幾條重要的大圳，更是臺灣農業的命脈。

在傳統的農業社會中，這些水圳，使得臺灣的農業從粗放的旱作，轉型為精耕的水田；農人與農業

跨越溪谷的五棚坑溪水橋，藏身在北港村的山林間。

收成也自原本的看天吃飯，轉變為人可勝天。而水圳的興築對於居民的生活有著舉足輕重的影響，舉凡日常生活的飲水、灌溉用水、人畜盥洗等。

北港村位於南投縣國姓鄉東北方，北港溪在村中蜿蜒，四面環山，是一河階盆地地形，加上村莊還保有昔日農村景觀，頗有一種世外桃源的氛圍。然而，該村的對外交通卻非常便利，由中潭公路臺十四線柑仔林至該村約十公里，而臺二十一線貫穿全村，可通埔里區達臺中市和平區，以及埔里區。

這個小村子的開發約可追溯到清初，明鄭軍師率兵招撫，漢人至此開闢田園耕種，在北港村沿岸形成山村，故早年有北港溪堡的名稱。這個小山村雖鄰近北港溪，但因取水不易，所以農業發展始終受限。在民國二十年前後，客家人率先進入本區定居，大多從事採腦與熬腦工作，形成多處腦寮、腦灶。

由於當時從事採腦相關工作獲益良好，因此陸續吸引許多人到此墾荒定居，卻也因為僧多粥少，熬腦工作日漸不敷需求。因此，人們開始將重心轉到農業，然而因缺乏灌溉水源，初期以種植蕃薯、黃豆、甘蔗為主。一直到日治後期因水圳設施漸趨改善，而使得農業發達，一度成為國姓鄉之最大米倉。

走在北港溪水上

臺灣因為地形高低起伏，許多水圳甚至得跨越河谷與溪流，在施工的過程中，先民也發揮了智慧與巧思，利用天然的地形落差，或是各種工法，讓水圳穿山越河，才能引水入田。其中一種使水圳跨越山谷的空中水圳，在水利設施中的正式名稱叫做「渡槽」，而這種工法一般俗稱為水橋或過水橋。

因為建築科技與材料的關係，早期的水橋都是以木頭

身形巨大的五棚坑弧型水橋，利用弧形的拱圈承重。

為材料，藉由連續的木箱銜接，內部再塗上防水的漆土，架設成類似倒「ㄇ」字型的水槽引水過河，因此也有人稱之為「水筧」或「木梘」。到了日治時期，因為建築技術的進步與水泥運用，渡槽幾乎都改為鋼筋混凝土。

五棚坑弧型水橋建於民國四十年代，應該是國內現存幾座水橋中較為龐大者。整座水橋以鋼筋混凝土為材料，水橋下方採取圓弧的拱圈造形，讓原本死氣沉沉的灰色水泥建築，增添了柔美的線條，從遠處眺望水橋，或直或圓的線條，在溪谷上構成一幅現代畫作。

其實，北圳圳路沿線還有另一座水橋，位置在北港村內一棵樹型優美的百年茄苳樹附近。但是外觀方方正正，較之五棚坑溪的弧形水橋，猶如一段水泥天橋，灰暗沈重而無特色。

五棚坑水橋雖長但並不寬，每隔一．五公尺左右，就有一條與水橋垂直的橫向水泥長條，沿著水橋鋪設，宛若火車鐵軌的枕木。水橋的正中央則鋪有一供人們通行的水泥板小徑。走上水橋，可以看到不斷向前奔流的北港溪水，當然還有潺潺水聲相伴，而溪谷、水、水橋與人，形成一多層次的立體關係——溪谷之上有水橋，水橋之上是北港溪水，而人則是走在水上。只是腳下是還算深的五棚坑溪河谷，所以務必非常小心，畢竟這是給水走的橋，而不是給人過的橋。

臺灣水圳工程的縮影

北圳步道是一條可以輕鬆散步或是騎自行車的

水橋上流動的是來自北港溪的溪水。

好去處，旅人可以從北港國小前方的小路沿著指標前行，當看到一座大型水車，就是步道的入口。步道非常平緩，沿路多為綠蔭，相信即使在炎熱的夏季到此一遊，或許還不至於沁涼如水，但也不至於熱得令人汗流浹背。

一路行來，右邊是水圳與山坡，左邊則是各種不同的農作或植物，像是檳榔樹、芭樂樹或是株槿構成的綠籬，有些地方視野開闊，秀麗的農村景色盡收眼底，在冬天休耕的季節還可以看到大片黃澄澄的油菜花，此外，步道沿線還有一棵年逾百歲的茄冬樹。對於四、五年級生而言，這條步道可讓人勾起兒時的回憶，而對於六年級生或更年輕的遊客，則可以領略臺灣早期農村社會生活的場景。

當穿過這片樹林，視線豁然開朗，眼前就是五棚坑溪河谷，而跨越溪谷的巨大水泥橋，就是讓水圳通過河谷的五棚坑弧形水橋。而沿途行來，除了水車、還有一座不大的水圳山洞，另外還有水閘門，因此走完這條步道，也見識了臺灣水圳工程的縮影。

值得駐足的私房景點

每當連續假日來臨，各大風景區湧入過多的遊

大型水車是北圳步道入口的標示。

客，當你塞在車鎮中而動彈不得時，只能大嘆何苦來哉。筆者似乎患有人潮恐懼症，所以在旅遊目標的選擇上，總是希望能夠避開塞車與人潮。而五棚坑弧形水橋沿線，就是一個保證不受塞車之累，卻教人驚艷又能夠充分享受自在心情的景點。

沿著北圳開闢的步道散步，不僅能感受盎然綠意，還有村內的怡然田園景象。如果你想讓這段旅行帶點驚險，那麼走過五棚坑弧形水橋，讓你彷若武俠小說中的功夫高手，漫步北港溪水之上。最特別的是始終有潺潺的水聲相伴，也好像在提醒我們前人的貢獻與智慧。

五棚坑溪水橋 小檔案

名稱	五棚坑溪水橋
跨越溪流	五棚坑溪（北港溪支流）
竣工時間	民國四十年左右
主要建材	鋼筋水泥
所在位置	南投縣國姓鄉北港村
周邊景物	糯米橋、蕙蓀林場、北圳步道、芙蓉瀑布
備註	

沿著北圳步道行來，中間就會經過五棚坑弧型水橋。

橋梁、圳路、滑水道

美濃水橋

歷史悠久的滑水道

臺灣的水圳發達，隨意走在鄉間的稻田，應該不難發現或大或小的圳溝，印象中看過文獻指出臺灣的水圳圳路總長還超過萬里長城的長度。自清朝先人渡海來臺後，就陸陸續續開始開鑿，到了日治時期，更進入正式而大規模的開發，只是清朝年間，圳溝大多屬私人或家族所有，到了日治時期，逐漸轉型成為「水利組合」，具備濃厚的官方色彩。

美濃地區農業一向興盛，區內河流眾多，人工開鑿的灌溉水圳更是發達，而除了灌溉一般性的食用農作物，此地的水圳還孕育出一項影響臺灣近代經濟發展甚鉅的經濟作物——菸葉。美濃獅子頭圳水路上的下庄水橋，不只是臺灣獨一無二可以行水與行人的水橋，長久以來更是許多美濃人兒時的滑水道。

獅子頭圳與美濃的水利文化

圳溝是臺灣農業的命脈，更是決定一地農業能否發展或延續的關鍵，正如同張達京所開闢的葫蘆

獅子頭圳流入美濃水橋的進水口，照片中較遠處就是美濃水橋。

墩圳滋養了豐原地區的農作，八田與一興築的嘉南大圳灌溉了嘉南平原的稻米。美濃地區的農業及發展，與水圳同樣有著難以割捨的臍帶。

儘管臺灣的水圳是從清朝開始大規模的開發，但是大多數屬於私人出資，少數由政府主導。對於水圳的管理，雖然設有相關的官職，但是執行非常鬆散。所以大體而言，水圳的開發與管理在清朝年間可說具備高度私有化的取向。如果說清朝官方對於水圳的管理是「無為而放任」，那麼日治時期總督府稱得上是「全面監督與控制」。

美濃地區的水圳開發可以遠溯到清朝的乾隆年間，歷經清朝的私設埤圳時代，到了日治時期因為官設埤圳時代的來臨，其水圳的發展進入另一個階段，特別是獅子頭圳的開闢，對於美濃的影響更是深遠。根據文獻指出獅子頭圳的開發，不只造就美濃的農業，更促成日人南進政策下的三五公司的開發、更多移民來到美濃地區、菸業的引入、日本菸業移民村等影響。

獅子頭圳與竹門電廠有密切的關聯，獅子頭圳在竹門電廠於明治四十二年（西元一九〇九年）完工後，開始整合與改築原先的圳路，並於明治四十二年（西元一九一一年）峻工。原先的取水源頭被移

獅子頭圳是美濃地區非常重要的水圳，右圖是護岸經過整修的獅子頭圳。

至苳濃溪更上游之處，裨益竹門電廠利用水位的高低落差進行發電。

如今在竹子門發電廠入口前，有一座「代天巡狩水德宮」。這座水德宮的前身是日治時期的水神宮，竹門電廠與獅子頭圳先後完工後，電廠員工和居民感於神祇的保佑而創立，並且合祀水神與水利有功者。儘管原本的水神宮是神社的模樣，現在則被改建為常見的廟宇，但是從其奉祀的主神從由早期的日本的水仙尊王至現今的水官大帝與水利三恩公，卻可以知道儘管歷經改朝換代，該地區的人們對於水利的重視，以及對水信仰文化的高度虔敬。甚至曾經任職「獅子頭水利組合」岡田安久次郎的紀念石碑，也被保留下來。

美濃水橋的催生者

岡田安久次郎其實也是美濃水橋的設計者，根據昭和十三年出版的美濃庄要覽的記載，岡田安久次郎當時在獅子頭水利組合服務。水橋位於美濃溪的下庄河段，此一水利工程是為了使獅子頭圳第二幹線圳路跨越美濃溪所建，水圳從南向北經由空中流過。

最早的水橋是木製的「水筧」，但是因為木頭不耐圳水長期沖流，於是在日治大正十五年（民國十五年，西元一九二六年）開始興建鋼筋水泥的水橋，水橋的設計比一般陸橋複雜困難，經過兩年多的施工，到了昭和三年（民國十七年，西元一九二八年）才竣工。這段歷史可以在南邊橋頭處的「水橋改築紀念碑」上看到，碑上刻有「民國拾伍年五月起工」、「拾柒年四月竣功」的文字，但卻可以發現紀年有塗改的痕跡，原本是日治被改成

「水橋改築紀念碑」是美濃水橋建造的見證。

民國的紀年。

這座水橋長約一百三十公尺，橋墩呈現倒「U」字形，橋身欄杆間以鐵柱連接。從外觀來看，並無特殊之處，但是卻能屹立八十幾年，其間歷經無數的洪水與地震考驗，特別是發生於民國九十九年的甲仙大地震，震央距水橋近在咫尺，但依舊撼動不了這座「阿公級」的橋梁。這可能是水橋的規畫、設計、建造，比一般的橋梁更為複雜，特別是要做到「滴水不漏」，因此前後施工兩年多的時間才得以完成，對照前述的紀念碑紀年塗改，更讓人對於日人對於工程品質的用心投入而感到佩服。

由於岡田安久次郎的貢獻，日人於美濃竹門發電廠附近的水德宮留有「岡田安久次郎翁紀念碑」。碑文內容如下：

岡田安久次郎君埼玉縣人也，明治二十二年如東都，修業於小田原工手學校，歷任埼玉縣及橫濱市吏員後，明治四十四年渡臺，奉職於臺灣總督府土木部，尋入官設獅子頭水利組合。大正十年為書記兼技手，大正十五年昇進組合理事，昭和六年任命初代組合長不久，便卒於同年八月一日，享年六十六歲。此間十有六年，精勵職務貢獻良多，一同相茲，建碑以表其功績云爾，昭和九年四月十日。

從碑文中，我們可以知道岡田安久次郎來臺的時間有二十二年，在美濃的獅子頭水利組合服務任職了十六年。走在美濃水橋上，想起石碑上的記載，腦海中也同時浮現了興築嘉南大圳的八田與一，還有設計監造下淡水溪鐵橋的飯田豐二。雖然他們都是日本人，也或許是銜上級之命進行這些工程，但是他們對於臺灣這塊土地曾有過實實在在的貢獻，至於其「日籍」的身份，反倒成了臺人對他們懷念的加分籌碼。

不只是水橋

臺灣現在有些叫做「水景頭」的地方，就是從「水筧」而來，例如在臺中市的大坑地區就有一「水景頭」的小地名。所謂的「水筧」是水利工程的中的渡槽，早期「渡槽」都是以木頭為材料，藉由連續的木箱銜接，內部再塗上防水的漆土，架設成類似倒「ㄇ」字型的水槽引水過河，因此閩南語習慣稱之「水筧」或「木梘」。

臺灣目前有名且較具歷史的水橋，完工於日治時期的有新北市的金瓜石水橋、臺中市泰安水橋、南投縣明潭水橋，而南投縣國姓鄉也有一座壯觀的五棚坑溪水橋，則是完工於建於民國四十年代。但是這幾座水橋都是特別為水設計，僅供圳路行走，唯獨美濃水橋是「人」、「水」共用，上層供行人、機踏車通行，下層則是圳路。

事實上，這座外觀看似普通的水橋，某種程度上也是臺灣橋梁建築史上的一項里程碑。水橋的施工正好介於大正與昭和的交接年間，也是臺灣橋梁轉型的關鍵時期。筆者長期研究臺灣古橋多年，發現日治時期的明治與大正年間橋梁有幾項特點，例如鄉間或山徑的小橋，以石頭為材料的糯米橋為主，若是大型橋梁則多為鐵製桁架橋，像是縱貫鐵路舊山線的大安溪鐵橋與大甲溪鐵橋。

但是進入昭和年間，施工技術與使用材料開始大幅革新，特別是RC結構的橋梁開始大行其道，而臺灣目前還保有幾座這樣的橋梁。遠的不說，我

們只要循著永安路往東行，就可以到達完工於日治時期昭和五年（民國十九年，西元一九三〇年）的美濃舊橋。美濃舊橋和水橋一樣跨越了美濃溪，而時間相近的依次還有臺北三峽拱橋、臺中舊大安橋等。從上述的這些觀察與線索，筆者推測這座水橋可說是昭和年間 RC 結構橋梁的先驅。

由於下庄水橋完工時，臺灣仍舊是屬於農業社會，因此橋面大約是一輛牛車的寬度，現在除了行人之外，還有不少機車與腳踏車通行。而橋面下的涵箱，長久以來更是許多美濃人兒時的滑水道，也是不少美濃人的共同回憶。

根據美濃當地一些人們的記憶中，提到炎炎夏日之際，裸著上半身的小孩，以椰子葉作為滑水板，藉著湍急的水流，通過又長又黑的水道，再冒出來時彷彿重見天日，然後岸邊的同伴都會給予熱烈的掌聲，據說其刺激的程度，一點都不輸給現代水上樂園的高空滑水道。

與水同行

因為這些可遠溯自清朝，歷經日治時期的水利工程，才能在兩、三百年來，持續不斷的灌溉著我們賴以維生的各種農作。而水橋則是水利工程中非常

美濃水橋是昭和年間少見的 RC 結構橋梁，厚實的橋身就是水道。

重要的一項，即便是一座小小的水橋，橫跨大圳溝之上而過，不斷引進滋養的水源，讓水稻從小苗變成稻穗；從翠綠轉為金黃。

美濃的獅子頭圳，灌溉了美濃的農作，讓這個原本就獨具客家氣息的小鎮，變得更加富饒而迷人。美濃水橋淙淙的流水，也好像在提醒我們前人開墾水圳的智慧與辛勞，至於連通兩岸的橋體，似乎隱含跨越民族嫌隙的鴻溝。

走在這條臺灣獨一無二可以行水與行人的水橋，能飽覽美濃溪及附近的田園風光，至於要享受以前的孩童們滑過這黑暗水道的刺激，就只能在美濃人的記憶中去追尋。

炎炎夏日乘葉渡水橋
水橋之目的爲引導獅子頭水圳的水源越
過美濃溪，原爲木製，興建於明治42年
(西元1909年)，大正15年(西元1926年)以
鋼筋混凝土重建，於昭和2年(西元19
27年)完工並使用至今；夏季時節，孩童們
常鑽進水道裡，乘著椰子葉，藉著急速
水流滑向水橋的另一端，驚險刺激，是
許多美濃人彌足珍貴的童年回憶。

美濃水橋橋頭的解說牌，說明了水橋是許多美濃人兒時記憶中重要的一塊。

美濃水橋 小檔案

名稱	美濃水橋	跨越溪流	美濃溪
竣工時間	日治昭和三年（民國十七年，西元一九二八年）	主要建材	RC 結構
所在位置	高雄市美濃區下庄	周邊景物	美濃舊橋、下庄敬字亭
備註	一、長約一百三十公尺，寬約一．五公尺 二、高雄市市定古蹟		

國家圖書館出版品預行編目資料

走著橋：古橋閱讀與散步／王派仁著. 一一二版. 一一臺北市：五南，2018.08　面；　公分

ISBN 978-957-11-9754-8（平裝）

1.古蹟　2.橋樑　3.臺灣

733.6　　107008305

台灣書房　8V43

走著橋：古橋閱讀與散步

作　　者 — 王派仁（23.8）

總 經 理 — 楊士清

主　　編 — 蘇美嬌

編　　輯 — 蔡明慧

美術設計 — 王璽安

封面設計 — 王麗娟

發 行 人 — 楊榮川

出 版 者 — 五南圖書出版股份有限公司

地　　址：106台北市大安區和平東路二段339號4樓

電　　話：(02)2705-5066　　傳　　真：(02)2706-6100

網　　址：http://www.wunan.com.tw

電子郵件：wunan@wunan.com.tw

劃撥帳號：01068953

戶　　名：五南圖書出版股份有限公司

法律顧問　林勝安律師事務所　林勝安律師

出版日期　2012年8月初版一刷

　　　　　2018年8月二版一刷

定　　價　新臺幣320元